高校健美操教学分析与实践创新研究

王晓霞　著

吉林大学 出版社

·长春·

图书在版编目（CIP）数据

高校健美操教学分析与实践创新研究 /王晓霞著. ——
长春：吉林大学出版社，2021.7
ISBN 978 - 7 - 5692 - 8611 - 3

Ⅰ. ①高… Ⅱ. ①王… Ⅲ. ①健美操－教学研究－高
等学校 Ⅳ. ①G831.32

中国版本图书馆 CIP 数据核字（2021）第 154950 号

书　　名	高校健美操教学分析与实践创新研究
	GAOXIAO JIANMEICAO JIAOXUE FENXI YU SHIJIAN CHUANGXIN YANJIU
作　　者	王晓霞　著
策划编辑	崔小波
责任编辑	赵雪君
责任校对	代红梅
装帧设计	李艳艳
出版发行	吉林大学出版社
社　　址	长春市人民大街 4059 号
邮政编码	130021
发行电话	0431 - 89580028/29/21
网　　址	http：//www. jlup. com. cn
电子邮箱	jdcbs@jlu. edu. cn
印　　刷	长春市昌信电脑图文制作有限公司
开　　本	787mm×1092mm　1/16
印　　张	10.25
字　　数	200 千字
版　　次	2022 年 5 月　第 1 版
印　　次	2022 年 5 月　第 1 次
书　　号	ISBN 978 - 7 - 5692 - 8611 - 3
定　　价	40.00 元

前　言

健美操是体育运动中一个新兴运动项目，是健与美结合的运动，具有保持人们身心健康、形体塑造、陶冶情操等作用。健美操运动不但风靡全球，而且在我国也日益普及，尤其受到高校大学生的喜爱。随着高校健美操运动的普及和发展，健美操成为高校体育教学的热门课程之一，也是大学生课余活动中最受欢迎的健身运动项目之一，在高校体育教育及社会发展中充分体现了其强大的作用。

健美操不仅是体育教学的重要内容之一，也是学生丰富业余生活的重要选择之一。因为健美操运动不仅满足了学生强健体魄的需要，对学生的身心全面发展有着积极作用，还能塑造学生优美的形体，迎合了学生们追求美和时尚的心态。目前，高校尤其重视健美操教学与实践创新改革，致力于从教学内容、教学方法、教学模式等方面不断地探索与拓展，为高校健美操的发展开辟一条切实可行的创新发展之路。

本书首先对健美操运动的概念、特点、起源以及发展等进行了介绍，阐述了高校健美操教学的任务与原则，分析了高校健美操教学现状及对策；其次详细介绍了高校健美操课程的基本理论知识；再次阐述了高校健美操对学生表现能力、审美能力以及创新能力的培养；最后重点从美学渗透视角、全民健身背景、创新思想背景以及信息化背景下对高校健美操教学内容、教学模式以及教学方法分析与实践创新进行深入研究和探讨，为高校健美操教学与实践提供科学的指导。

本书在编写的过程中，吸收、借鉴了国内外许多专家学者的最新研究成果和出版文献，在此表示诚挚的感谢！由于作者水平有限，错误和不当之处在所难免，敬请各位专家、同行和广大的读者多加批评和指正，以便进行修订和完善。

作　者
2021 年 3 月

前　言

　　健美操是体育运动中一个新兴运动项目，是健与美结合的运动，具有保持人们身心健康、形体塑造、陶冶情操等作用。健美操运动不但风靡全球，而且在我国也日益普及，尤其受到高校大学生的喜爱。随着高校健美操运动的普及和发展，健美操成为高校体育教学的热门课程之一，也是大学生课余活动中最受欢迎的健身运动项目之一，在高校体育教育及社会发展中充分体现了其强大的作用。

　　健美操不仅是体育教学的重要内容之一，也是学生丰富业余生活的重要选择之一。因为健美操运动不仅满足了学生强健体魄的需要，对学生的身心全面发展有着积极作用，还能塑造学生优美的形体，迎合了学生们追求美和时尚的心态。目前，高校尤其重视健美操教学与实践创新改革，致力于从教学内容、教学方法、教学模式等方面不断地探索与拓展，为高校健美操的发展开辟一条切实可行的创新发展之路。

　　本书首先对健美操运动的概念、特点、起源以及发展等进行了介绍，阐述了高校健美操教学的任务与原则，分析了高校健美操教学现状及对策；其次详细介绍了高校健美操课程的基本理论知识；再次阐述了高校健美操对学生表现能力、审美能力以及创新能力的培养；最后重点从美学渗透视角、全民健身背景、创新思想背景以及信息化背景下对高校健美操教学内容、教学模式以及教学方法分析与实践创新进行深入研究和探讨，为高校健美操教学与实践提供科学的指导。

　　本书在编写的过程中，吸收、借鉴了国内外许多专家学者的最新研究成果和出版文献，在此表示诚挚的感谢！由于作者水平有限，错误和不当之处在所难免，敬请各位专家、同行和广大的读者多加批评和指正，以便进行修订和完善。

作　者

2021 年 3 月

目　录

第一章 高校健美操教学概述

第一节 健美操运动概述

一、健美操的概念与分类

（一）健美操的概念

健美操是在音乐伴奏下，以身体练习为基本手段，以有氧运动为基础，达到保持健康、塑造形体和娱乐目的的一项体育运动。

健美操起源于传统的有氧健身运动，是有氧运动的一种，它通常采用徒手或轻器械进行练习，是在氧气供应充足的情况下，以人体有氧系统提供能量的一种运动形式。它是持续一定时间的、中低强度的全身性运动，主要锻炼练习者的心肺功能，夯实有氧耐力素质的基础。

近年来，随着健身运动的不断发展，人们对健身的理解进一步加深，知识水平和健身的科学化程度不断提高，对健身的需求也更加多样化和个性化，因此，出现了多种新的健身形式，如近年来兴起的水中健美操以及在特殊场地进行的固定器械的有氧练习等。这些新的健身形式使健美操运动的内容更加丰富，适合的人群更加广泛，健身的效果更加明显，同时也降低了运动损伤的可能性。健美操运动正是在这样的大环境下得到了迅速发展，呈现出多样化和科学化的发展趋势。

健美操运动对身体健康非常有好处，尤其对于控制体重、改善体形体态，以及提高身体协调性和韵律感，具有良好的效果。在长期的实践过程中，健美操已从一项单纯的健身运动逐步发展成为一项独立的体育竞赛项目，在动作技术特征以及竞赛组织方法等方面都有其自身的特点。

虽然健美操运动发展历史不长，但却深受广大群众的喜爱。健美操不仅突出动作的"健"和"力"的特点，而且更强调"美"。随着现代物质文明的提高，人们花钱买健康的观念不断增强，健美操运动在我国越来越受到欢迎，已成为人们现代文明生活不可缺少的组成部分。

(二) 健美操的分类

目前健美操运动的分类较多，大部分教材和研究性图书采用的主要是根据健美操活动的目的和所要解决的主要任务为标准来划分的：有的划分为两类，即健身性健美操和竞技性健美操；有的划分为三类，即健身性健美操、竞技性健美操、表演性健美操；有的则淡化健身和竞技的界限，分为普通健美操、时尚健美操、轻器械健美操；等等。实际上这些分类之间常常有着渗透、包含的关系，比如，有些健身性健美操可以发展成为竞技项目，而时尚健美操、轻器械健美操都有着很好的健身作用。本书采用第一种分类方法，即健身性健美操和竞技性健美操。健身性健美操的宗旨是"健康第一"；竞技性健美操的目的是获得佳绩、夺得冠军。它们同时也都追求娱乐、观赏，追求形体美和身心愉悦。

1. 健身性健美操

健身性健美操无疑以健身为首要目的，其主要特点为：第一，健身性健美操的音乐节奏鲜明、旋律轻松愉快，音乐速度较慢，一般选择20～24拍/10秒；第二，健身性健美操动作简单、易学，运动强度和难度相对较低，动作形式多以对称方式出现，重复次数多，突出健身性；第三，健身性健美操可在公园、小区等相对宽阔的场地进行，对场地和器材的要求少，随意性较大，主要是以健身、健美、健心为目的，集健身、娱乐、防病于一体的群众性、普及型健身运动。健身性健美操的练习形式分为热身、有氧练习、形体练习和放松等几部分，成套动作一般是从头颈、四肢、全身、跳跃、放松等练习顺序来编排。活动的顺序是从身体的远端开始，逐渐过渡到躯干部位。健身性健美操适用人群范围十分广泛，可以说它是一项非常好的体育休闲、娱乐健身活动。按照不同的分类依据，健身性健美操又可划分出不同的类别，具体如下所示。

(1) 根据练习形式划分。

根据练习形式可以划分为徒手健美操、持轻器械健美操、专门器械健美操等，其中徒手健美操最为常见。持轻器械健美操中常用的器械有哑铃、球、橡皮带、彩带等；专门器械健美操中常用的器械有踏板、健身球、圆盘、体操垫、健身器等。

(2) 根据性别划分。

根据性别分为男子健美操和女子健美操。男子健美操的动作设计突出"阳刚"，动作幅度大而有力；女子健美操的动作设计突出"阴柔"，强调的是艺术性和柔美性。

（3）根据年龄划分。

根据人在不同年龄阶段的不同生理、心理、体态、体能等特征和锻炼需要，可以将健身性健美操分为老年健美操、中年健美操、青年健美操、少儿健美操、幼儿健美操等。

（4）根据人数划分。

根据人数主要划分为单人、双人、三人、六人和集体健美操。集体健美操在练习时，除了包括平时锻炼的动作外，往往增加一些动作组合和队列、队形的变化，以反映练习者平时锻炼的情景。

（5）根据目的和任务划分。

按照目的和任务划分为形体健美操、康复健美操、热身健美操、韵律健美操、姿态健美操、保健健美操和减肥健美操、产后健美操等。

（6）根据动作风格划分。

根据动作风格划分为拳击健美操、搏击健美操、拉丁健美操、迪斯科健美操、武术健美操、舞蹈健美操、仿生健美操等。不同动作风格的健美操就是在传统健美操的基础上结合了其他不同运动项目的元素形成的。例如，拉丁健美操，就是结合了恰恰、斗牛、伦巴、桑巴等各种拉丁舞的元素，再结合现代健美操的基本步伐，使其动作更加丰富、时尚。

（7）根据人体解剖部位划分。

根据人体解剖部位划分为颈部健美操、肩部健美操、手臂健美操、胸部健美操、腰腹部健美操、髋部健美操、腿部健美操等。这主要是针对人体某个部位进行有针对性的健身锻炼，如腿部健美操主要锻炼腿部肌肉功能以及关节的灵活性。

2. 竞技性健美操

根据竞赛规则与技术规程的要求，创编出的具有较高艺术性、展示运动员高水平专项技术能力的成套动作，以比赛取得优异成绩为主要目的的竞技运动，就定义为竞技性健美操。竞技性健美操只进行自编动作比赛，自编动作必须达到一定的要求。竞技性健美操的评分主要是根据在规定时间内健美操运动员动作组合情况、基本步伐、表演特色、难度情况以及时间的把握等各种因素对每套组合动作进行评分。

世界健美操锦标赛（Aerobic Gymnastics World Championships）是由国际体操联合会主办的世界最高水平的竞技性健美操赛事。健美操竞赛项目包括男子单人、女子单人、混合双人、三人（无性别限制）、五人（无性别限制）、六人（无性别限制）、有氧舞蹈、有氧踏板等。比赛按性质分可分为锦标赛和冠军赛两类，世界上竞技性健美操比较发达的国家包括俄罗斯、罗马尼亚、中国、法国、韩国等。男子健美操主要表现力量、柔韧等难度动作，这要求男运动员有发达的上肢肌肉和极强的上肢力量。女子健美操主要表现柔韧和其他操化动作、协作关系、优美的身体姿态等。

健身性健美操和竞技性健美操根据要求和场合的不同都有可能具备表演的目的，此时观赏性更为突出。通过表演来展示健美操的魅力、价值和活力，让观众在观赏健美操的过程中能够愉悦身心、陶冶情操，而且能起到宣传和推广健美操的作用。注重艺术性的健美操在创编过程中要突出动感美、活力美和韵律美。注重健身作用的健美操在创编过程中要有意识地强调该类健美操本身特点的动作，尽可能地展示动作本身给身体带来的作用，集中展示其精华部分。

二、健美操运动的起源

（一）我国健美操的起源

从健美操强身健体的本质意义出发，其起源可以上溯到两千年前的《黄帝内经》一书中的"导引养生功"。之后，东汉时期的名医华佗发明了"五禽戏"，模仿虎的勇猛扑击、鹿的伸展奔腾、熊的沉稳进退、猿的机敏纵跳、鸟的展翅飞翔，并把各个导引动作改编为虎、鹿、熊、猿、鸟五组动作。它可以说是我国早期具有民族特色的人体健美操套路。

湖南长沙马王堆墓出土的西汉时期的帛卷，其上绘画的人物姿势各异，如站立、坐、蹲等，人物的动作变化繁多，如屈伸、跳跃、扭转、弓步等。这些姿态动作与现代的健美操运动的动作非常相似，这是迄今为止能够形象地反映我国体操或健美操的最早资料。

（二）国际健美操的起源

国际健美操是由古老的运动文化通过融合、发展演变而来的。首先，国际健美操的起源最早可追溯到两千年前的古希腊。当时的古希腊人非常的崇尚人体美，他们认为，在世界万物之中，只有人体的健美才是最匀称、最和谐、最庄重、最有生气和最完美的。他们提出了"体育锻炼身体，音乐陶冶精神"的主张。

另外，古代印度流行一种瑜伽术，它把姿势、呼吸和意念紧密结合起来，通过调身、调息、调心，运用意识对身体进行自我调节。瑜伽术动作包括站立、跪、坐、卧、弓步等各种基本姿势。这些姿势与当前世界流行的健美操所常用的姿势是一致的。

在欧洲，意大利医生墨库里奥斯在 1569 年出版的六卷《体操艺术》等著作中，详述了各种形式的体操动作。18 世纪，德国著名体育活动家艾泽伦开设了培训体育师资的课程，创造了哑铃、吊环等运动。欧洲最著名的体操倡导者维特采用游戏和娱乐的形式推广体操，增加了体操的趣味性。19 世纪，德国人斯皮斯（1760—1858 年）为体操动作配曲；丹麦体操家布克创造了"基本体操"，并根据性别、年龄等对体操进行了分类；瑞典体操学派创始人佩尔·亨里克·林（1776—1836 年）根据体操练习的功能将其分为教育、军事、医疗和美学四大类，他的理论为现代健美操的理论和实践奠定了坚实的理论基础；弗朗索瓦·特尔沙特（1811—1871年）赋予体操动作两个新特征——美感和富于表情；瑞士教育家雅克克尔克罗兹设计了一种描述肌肉活动和肌肉伴奏相结合的音乐体操。

以上所述是国际健美操最初的雏形，通过这些运动文化的发展和不断的演变，最终实现统一，发展至今成为现代健美操。

三、健美操运动的发展

（一）国际健美操的发展

20 世纪 60 年代开始进入了现代健美操时期。在国际上，对推动现代健美操运动发展贡献最大的国家当属美国。1968 年，美国太空总署专门为航天员设计了体能训练计划。医学博士库珀（Cooper）为此专门进行了动作的创编，并加入了音乐的元素，形成了一种新的运动方式——"Aerobics"（译为有氧运动或有氧健美操），之后又发表了《新有氧体操》和《有氧体操有益于大众》等著作，成为美国著名的群众体育专家，库伯也因此被人们尊称为"健美操之父"。1969 年，杰姬·索伦森结合了体操和现代舞创编了健美操。

经过不懈的努力和推广，到 20 世纪 70 年代末健美操发展成为一项独立的运动项目。其中，为此做出了巨大贡献的简·方达，她是美国健美操的代表人物，被誉为"健美操皇后"。

简·方达是 20 世纪 70 年代家喻户晓的好莱坞电影明星，曾经两次获得奥斯卡金像奖和金球奖，同时也是第 30 届戛纳国际电影节最佳女主角。简·方达并不像很多明星一样从小便拥有完美的身材，长到十二三岁时仍然又矮又胖。为了苗条，她采用了各种手段进行减肥，可卡因、呕吐、节食等。后来医生建议她服用利尿剂，因此，她整整服用了 20 年。虽然利尿剂使她保持了苗条的身材，但是使用利尿剂后，会大量排出体内的水分，导致身体严重缺钾，体力下降，而且随着服药时间的增长，利尿剂的作用越来越小，不得不增大剂量，久而久之她患了严重的肌肉和肾脏功能衰竭。当时，简·方达深受利尿剂带来的痛苦，又没有更好的减肥方法，这使她苦闷极了。在痛苦中吸取教训，她认识到"健康的美才是真正的美，持久的美"。从此，简·方达走上了体育锻炼的道路，通过健美操来保持身体的健康和体态的苗条。

1981 年，简·方达编写的《简·方达健美操》一书及录像带出版，并被译成 20 多种文字，热销于世界 30 多个国家。在她的亲身示范和影响下，健美操迅速流行于世界各地，各种健身俱乐部和健美操活动中心纷纷成立。近几十年，美国以健身、健美为主的健美操和以比赛为主的竞技健美操，一直处于世界领先地位，为世界的健美操发展做出了很大的贡献。

(二) 我国健美操运动的发展

1. 我国健身性健美操运动的发展

健美操是 20 世纪 80 年代初期传入我国的，随后在全国的部分城市有了健身俱乐部的雏形。1987 年，我国第一家规模较大的健身中心北京利生健康城面向社会开放，首次将健美操这项新的运动项目介绍给广大人民群众。其新颖的锻炼方式、良好的健身效果很快就被人们接受，吸引了大批的健身爱好者。随后，越来越多以健美操为主要形式的健身中心相继开业。尤其是在北京、上海、广州等大中型城市，人们的思想观念更加开放，追求健康、健美成为时尚，并且随着生活水平的不断提高，为健康投资逐渐深入人心，因此，越来越多的人热衷于健身，热衷于健美操锻炼。他们每周到健身俱乐部参加健美操练习 2～3 次。通过锻炼，人们不仅增强了体质，而且娱乐了身心，同时使健美操成为健身市场的一个重要组成部分。另外，电视等媒体中健美操节目大量出现，也对社会健美操热的持续发展起到了推动作用。

我国社会健美操的发展受美国影星简·方达健美操的影响较大，并随着时间的推移形成了各种流派，但是与国际健身健美操的发展还有一定的距离。比如，在练习的内容上，普遍存在着重视操化练习，轻视力量练习，没有按照有氧运动的基础理论来发展，而是单纯地以过多的跳跃动作来增加运动负荷等问题。近年来，随着国际交流的加强和各种宣传与培训，以及对健美操运动的认识不断深入，人们逐渐接受了国际上的一些新观念，这些问题正逐步得到解决，我国健美操运动正逐渐与国际接轨。

近年来，中国健美操协会为健美操运动的普及推广做了大量的工作，效果显著。这对我国健美操运动的普及与提高具有重要意义，必将推动我国健美操运动的快速发展。

2. 我国竞技性健美操运动的发展

基于健身性健美操运动的蓬勃开展和广泛普及，健美操运动被纳入竞技体育竞赛项目之中。我国健身性健美操在发展的同时，以竞技为主要目的的竞技性健美操也在不断发展。竞技性健美操以它所具有的动作美、难度大、节奏快、质量高、音乐美、编排新等特点，顺应竞赛的要求，为现代健美操运动的发展注入了强大的活力。我国竞技性健美操运动的发展，大致可分为初期探索、正规化发展、与国际接轨、蓬勃发展四个阶段。

（1）初期探索。

我国第一次竞技性健美操比赛是 1986 年 4 月 6 日至 7 日在广州举行的全国女子健美操表演赛。参加比赛的有 8 个省市的 9 支队伍，各队表演了自编的 6 人健美操，其风格各异、百花齐放，引起了观众浓厚的兴趣。两广队偏重舞蹈，四川队偏重体操和造型，江苏队艺术体操成分较重；上海、广州和中山大学三队表演的是简单易学的普及型健美操；北京、天津则介于两者之间，其中北京队的动作吸纳了一些健美运动的造型，别具一格。当时，泰国体操观察团也参加了比赛，多家新闻单位派记者专程采访。这次全国女子健美操表演赛，开创了我国健美操比赛的新路，探索了我国健美操比赛的方法，展示了我国健美操初期发展的成果。

1986 年 12 月，为了准备首届正式的全国健美操比赛，北京体育学院和康华健美研究所共同举办了全国健美操教练培训班，来自全国 20 多个省市的 200 多名学员参加了培训，培养了一大批骨干力量。1987 年 5 月，康华健美研究所、北京体育学院、中央电视台等单位联合举办了全国首届"长城杯"健美操友好邀请赛。这是我国首次全国性的竞技健美操比赛。这次比赛的项目参考了美国阿洛别克（Aerobic）健美操的比赛项目，结合我国健美操比赛的特点，进行了男女单人操、混合双人操、男子三人操、女子三人操和六人操（三男三女）等 6 个项目的比赛。每套动作与阿洛别克健美操比赛一样，要求有连续 4 次俯卧撑、4 次仰卧起坐、4 次高踢腿、5 秒钟连续跳 4 种规定动作，时间在 1 分半到 2 分钟之间。这次比赛共有来自全国各省市 30 多个队的 200 名运动员参加。北京体育学院队以优异成绩夺得了 6 个项目的全部冠军，引起了广泛的关注。

这次比赛采用了北京体育学院健美操教研室拟定的竞技健美操比赛规则，该规则后来成为由国家体委审定的健美操比赛规则的基础。1991 年

10 月，在北京举行了全国首届大学生健美操、艺术体操大奖赛，来自全国 12 个省市自治区 34 个单位的 190 多名运动员参加了比赛。这是一次规模空前、高层次、高水平的比赛。这次比赛首次使用了新的适合于我国大学健美操运动开展的《大学生健美操竞技规则》。

这一时期，从比赛名称的繁多到比赛服装的不一致，从竞赛规则的不稳定性到参赛运动员的业余性，这些都是我国竞技健美操运动处在探索时期的特征。

（2）正规化发展时期。

每个运动项目的发展都离不开相关组织的成立与发展。为了加强健美操技术交流和学术研究，1992 年 2 月，中国大学生体育协会健美操、艺术体操分会在北京成立，1992 年 9 月，经国家民政部批准，代表我国健美操全国性组织的中国健美操协会在北京成立，这标志着我国健美操运动进入了一个有组织、有计划发展的新时期。

随着我国经济和体育体制改革的不断深入，1997 年，国家体委将中国健美操协会由社会体育指导中心划归体操运动管理中心。经过几年的实践、探索，中国健美操协会先后推出了《健美操活动管理办法》《全国健美操指导员专业技术等级实施办法》《全国健美操大众锻炼标准实施办法》《健美操运动员技术等级标准》《健美操竞赛规则》《全国健美操大众锻炼标准》（共三套）、《社会体育指导员国家职业标准》等，这些举措将健美操运动纳入科学化、正规化管理轨道，进一步推动了我国健美操运动的普及和竞技性健美操运动的发展与提高。这一阶段，管理组织的建立、竞赛规则的统一、各种制度的完善，标志着我国竞技性健美操运动步入正规化管理和发展时期。

（3）与国际接轨时期。

我国健美操运动在国内全面普及的同时，其国际交往也在逐渐增加。1987 年，代表我国健美操运动发展水平的北京体育大学健美操队首次走出国门，访问了日本；1988 年，我国举办了"长城杯"健美操友好邀请赛；1995 年，我国首次组队参加了在法国举行的第一届世界健美操锦标赛；1997 年，我国又组队参加了在日本举行的 ANAC 世界锦标赛。1997年和 1998 年，中国健美操协会先后派出 8 人参加国际体操联合会（FIG）组织的健美操国际裁判员培训班和国际健美操教练员培训班。1999 年，中国健美操协会聘请日本专家来华就国际规则讲学，同时在全国健美操锦标赛上首次采用了国际健美操竞赛规则，并决定以后全国健美操比赛和全国大学生健美操比赛将统一采用国际竞赛规则。这标志着我国竞技健美操运动将出现与国际健美操运动接轨的新局面。

（4）蓬勃发展时期。

与欧美相比，我国竞技性健美操运动虽然起步较晚但发展很快。2002年8月，在立陶宛举行的第7届世界健美操锦标赛上，我国获得了男子三人操第7名、团体总分第7名的好成绩，进入了世界8强。2004年6月5日，在保加利亚举行的第8届世界健美操锦标赛上，中国六人操夺得了第3名，登上了世界竞技性健美的领奖台，实现了我国健美操项目在世界大赛上奖牌"零"的突破。2005年7月24日，在德国杜伊斯堡举行的第7届世界运动会上，中国竞技性健美操队再创佳绩，六人操夺得金牌，这是中国在历届世界大赛中获得的第一枚竞技性健美操金牌，实现了金牌"零"的突破，打破了在竞技性健美操项目中欧洲国家一统天下的格局，中国队也拥有了一席之地。

2006年6月，第9届世界健美操锦标赛在南京市举办，这是首次在亚洲举办的健美操锦标赛。比赛分为男子单人操、女子单人操、混合双人操、三人操和集体六人操共5个项目。有来自40多个国家的近千名选手参加了比赛。赛前一周，比赛还增设了两个年龄组别的国际青少年比赛和第2届世界青少年锦标赛，各组别的参赛项目与成人组相同。在第9届世界健美操锦标赛上，中国队夺得男子单人、六人操第1名，女子单人和三人操第2名，团体第2名。中国选手在该次世锦赛的5个单项中获得2金2银1铜，创造了中国队在世锦赛上的最好成绩，实现了世锦赛上金牌"零"的突破，充分表明中国队的整体实力已经和欧洲诸强队非常接近。接下来2008年，在德国斯图加特举行的第10届世界健美操锦标赛上，中国队男子六人操成功夺冠，向世界展示了中国健美操运动的实力。近几年，在世界性比赛中，我国健美操运动员频频获奖，说明我国竞技性健美操运动跨入国际先进列，步入快速蓬勃发展的时期。

（三）健美操运动的发展趋势

1. 健身健美操的发展趋势

（1）人们健康意识的增强将使健身健美操的市场前景更加美好。

随着知识经济时代的到来和生活水平的提高，现代人们的生产和生活方式发生了巨大变化，由于高新技术的应用，生产劳动时间和体力消耗减少，主要依靠充分发挥人的聪明和智慧不断地将智力资源转化为巨大的社会财富。这种劳动生产方式的改变，首先导致人的各种器官系统的退化，同时，由于紧张的脑力劳动以及生活节奏加快又导致各种心理疾病的产生，如焦虑、抑郁、狂躁、孤独和自卑等心理失调的状况，由此导致高血压、冠心病、糖尿病、脊柱病、神经官能症和肥胖症等"文明病""都市病"的流行与蔓延。新时代的特点，使人们意识到健康的重要性，人们对健身的需求日趋强烈，从而加快了社会体育的发展。因此，体育成为满足人们肢体运动、心理调节和情感依赖的主要手段。

健身健美操作为社会体育的重要组成部分之一，以其独特的魅力和功能特点受到人们的喜爱。因此，在这种社会大环境下，健身健美操的市场前景将更加广阔。

（2）健身健美操的种类和练习形式将更加多样化。

为不断满足健身锻炼者的各种需求，健身健美操的种类和练习形式呈现多样化的趋势。比如，各种器械健美操、水中健美操以及一些正在流行的特殊风格的健美操——拳击健美操、拉丁健美操、瑜伽健美操、街舞等。这些新兴练习形式的出现主要是由于参加锻炼的人的年龄、性别、身体状况、健康水平和所要达到的目的是不同的，导致需求的多样化。比如，年轻人喜欢街舞、拳击健美操集体练习的形式，老年人喜欢水中健美操。健美操要寻求自身的发展，最大限度地适应市场发展的需要，就必须不断满足人们不同的健身需求，向着多样化、个性化趋势发展。

随着社会的发展和人民生活水平的提高，人们的需求将更加个性化，集体练习的形式已不能满足一部分人的需求，因而，目前国外"私人教练"的健身形式非常流行，占有很大一部分市场。我国健身健美操的发展应该在引进和学习国外经验的基础上，设计更多的不仅适合中国人而且能吸引外国人的新的健身健美操练习形式。

（3）健身健美操练习的科学化程度将不断提高。

首先，科学锻炼是保证健身健美操练习效果的关键。例如，对不同人群体质的测定和不同年龄段人群锻炼的最佳心率范围的研究可提供科学有效的运动处方。不科学的练习方法不仅导致锻炼效果不佳，还可能引起运动损伤。因此，只有不断提高锻炼的科学性，才能使参加健美操练习的人真正达到有效锻炼身体的目的。

其次，科学化是健美操自身运动发展的需要。随着科学技术的不断提高，人们不再满足于单一的锻炼形式，而是寻求更加科学化的健身方式。是否科学、能否真正达到锻炼身体的目的是人们选择健身项目的一个非常重要的考虑因素，只有科学的锻炼方法才能得到人们的认可。因此，只有不断提高科学化程度，健美操项目才能有发展，才能有市场。目前，一些健美操从业人员已经认识到了这一点，正在不断地探索健美操科学化的方法和途径，相信在今后的发展中，健美操的科学化水平将不断提高。

最后，知识经济的到来和信息技术的发展，如互联网的普及，使我们可以非常容易地获得各种信息，这将对我国健美操运动科学化发展起到极大的促进作用，从而使我国健美操运动的发展与国际发展保持同步。

（4）激烈的市场竞争将更加注重健身指导的服务质量。

现代健身场所可以说是现代人类文明高度发展的产物，也是人们"花钱买健康"的理想场所。各类健身场所的不断增多，极大地刺激了健身市场的竞争性，现代健身场所的经营最终要通过服务才能实现，服务质量的高低，直接关系到大众健身的质量和经营者的经济效益，也必将关系到健身市场的兴衰。所以，经营者要为健身消费者提供及时、优质、高效的服务，使健身者达到预期的健身目的，才能占有市场。提高健身指导的服务质量（包括服务礼貌、服务标准和服务程序）已成为推动健身俱乐部发展的至关重要的因素，甚至是决定性的因素。

2. 竞技性健美操的发展趋势

根据《项群训练理论》对竞技体育的分类，竞技性健美操属于"技能类表现难美项群"。它和同群的竞技项目（如竞技体操、艺术体操、花样滑冰、花样游泳、跳水等）一样，竞赛中以运动员所完成动作的难度、新颖、稳定、优美等因素判定其技能水平的高低。难、新、美是竞技性健美操的技术发展方向。国际体操联合会对竞赛规则的改革将促使竞技性健美操运动技术继续沿着难、新、美的方向发展。

（1）更加注重艺术性创新。

竞技性健美操是一项艺术性极高并要求不断创新的运动项目。动作的编排、过渡连接及空间的使用和转换的流畅性都是艺术性创新的具体体现。艺术性创新要求成套动作的编排要新颖和多样化，要体现音乐风格、动作和运动员表现三者之间的完美结合。艺术性创新将是竞技性健美操未来发展的 极其重要的部分，运动成绩的好坏将很大程度上取决于此。"创新则兴，不创新则衰"。因此，未来竞技性健美操将更加注重艺术性创新。

（2）动作技术的完成将更加完美。

国际体操联合会新规则虽然对难度动作的技术完成标准和缺类的要求有所降低，但对动作技术完成质量提出了更高的要求，同时增加了动作完成质量的扣分。因此，动作的完美完成将是运动员技术和竞技水平的具体体现，是取得优异成绩的根本。可以预料，未来竞技性健美操比赛就是比动作的完美完成，动作技术完成质量将是评价运动员竞技水平的关键因素。

（3）难度动作向多样化方向发展。

2001—2008 年的《国际竞赛规则》将难度动作重新进行了分类并确定了各个难度的价值。新规则把难度动作分为四大类十个组别，难度动作（包括预期的难度动作）价值分为 0.1～1 分。在全面提高难度动作的分值、降低难度动作最低要求及减少难度动作数量的同时，新规则不仅对难度动作的重复做出了不计分值和数量的规定，还减少规定的难度类别，这意味着难度动作的选择将向着更加多样化的方向发展。

（4）挑战自我极限是未来竞技性健美操追求的目标

竞技性健美操未来发展的趋势必将向挑战自我极限的竞技方向发展。因此，挑战自我极限将是未来竞技性健美操追求的目标。

四、健美操运动的特点与功能

健美操作为一项新兴的体育运动项目，现在已风靡全世界，之所以会产生这样的现象，与其运动特点和功能是分不开的。本节将对健美操运动的特点和功能进行系统的探究。

（一）健美操运动的特点分析

1. 高度的艺术性

健美操是集体操、舞蹈、音乐于一体的，追求人体健康与优美的运动项目，因此，健美操属于健美体育的范畴，具有高度的艺术性。健美操的艺术性主要体现在"健、力、美"三大特征上。健美操运动协调、流畅、有弹性，练习者不仅锻炼了身体，增强了体质，而且从中得到了"美"的享受，提高了艺术修养。健美操运动员在比赛中所表现出的健美的体魄、高超的技术、流畅的动作和充沛的体力等，给观众留下了深刻的印象。健康、力量、美丽是人类所追求的身体状态的最高境界，无论是健身性健美操还是竞技性健美操，都表现出这一特征，这也正是健美操运动区别于其他项目，备受人们热爱的原因之一。

2. 强烈的节奏性

健美操动作具有强烈的节奏性，并通过音乐充分地表现出来，因此，音乐是健美操运动不可缺少的组成部分。健美操音乐节奏强劲有力、旋律优美，具有烘托气氛、激发人们情绪的作用。健美操音乐多取材于迪斯科、爵士、摇滚等现代音乐和具有上述特点的民族乐曲，这些音乐高低、长短、强弱、快慢节奏分明，使健美操富有鲜明的韵律感。健美操运动之所以深受人们喜爱，除本身的功效和动作的时代感外，很重要的因素之一便是现代音乐给人们带来的活力。强烈的节奏性使健美操练习更具有感染力，使健美操比赛与表演更具有观赏性。

3. 力量性与多变性

健美操所表现的力是力度、弹力与活力的综合。健美操动作力量性很强，不论是短促的肌肉力量、延续力量，还是瞬间的控制力量都展现出较高的力度感。健美操的力量性与体操相比较，少了呆板、机械，趋于自由、自然；与舞蹈相比较，少了抒情、柔软，趋于欢快、有力。健美操以自身独有的力量性运动风格活跃于体坛，表现出人体矫健的风采、美的神韵、力的坚韧。

另外，健美操成套动作有灵活多变的特点。身体动作的快速变化以及脚下富于弹性、不断变换的步伐，使全身充满生命力。健美操很少是单个关节的局部动作，大多为多关节的同步运动。例如，在完成大幅度的上肢动作时，常伴有腰、膝、髋、踝和头部等的动作，这不仅使身体各关节的活动次数成倍增长，还能有效地提高人们身体的协调性。

4. 广泛的适应性

健美操练习形式多样，运动量容易控制，对各个年龄层次、不同性别、不同身体素质、不同技术水平的人都适宜。各类人群都能从健美操练习中找到适合自己的方式，从中得到乐趣。例如，中老年人可选择低强度的有氧练习，达到锻炼身体、愉悦身心的目的；对于身体素质较好、有意进一步提高技术水平的年轻人来说，可选择难度较高、运动量较大的竞技性健美操作为练习手段，不仅可以锻炼身体，还能提高技术水平。此外，由于健美操不受气候的影响，对场地、器材条件的要求不高，练习起来简便、安全，适合在不同地区、不同条件下开展。

(二) 健美操运动的功能分析

1. 健身功能分析

(1) 有利于增强运动系统的功能。

如果人们能够经常性地进行健美操锻炼，那么不仅可以提高自身各个关节的灵活能力，增强人体肌肉的力量，还可以使韧带、肌腱等结缔组织更富有弹性。尤其对青少年来说，经常做健美操能够对肌肉、骨骼、关节等有良好的刺激，有利于青少年的成长发育。

（2）有利于提高心血管系统机能。

人们在健美操锻炼的过程中，不仅可以使心肌增厚、增大心脏容量，还可以提高心脏的功能，有利于提高心血管系统机能，改善人体的新陈代谢，有益于人体的健康。

（3）有利于改善消化系统的机能。

因为在练习健美操的过程中，髋部全方位的活动比较多，所以人们在练习的过程中，在锻炼腰肌和骨盆肌的同时，还能加强肠胃的蠕动能力，促进人体内的消化，改善消化系统，从而提高对疾病的抵抗能力。

2. 塑造形体美功能分析

形体一般分为姿态和体形。进行健美操训练有利于塑造优美的形体。人体形体在一定程度上受后天因素的影响，进行适当的体育运动可以改善人体的体形外貌，健美操对于动作和身体姿态的要求与日常生活中的姿态要求基本是一致的，所以，通过经常性的健美操练习，可以改善身体姿态，形成较为优美的体态。随着现代社会的压力越来越大，一些膨化垃圾食品对人体的危害也很大，尤其对一些儿童、青少年来说，他们基本上无法抵抗零食的诱惑，因此，许多儿童、青少年出现了肥胖现象，这不仅影响了他们的健康，还给他们的心理造成了很大的负面影响，致使他们越来越不自信。健美操的练习不仅可以通过消除体内和体表多余的脂肪，维持人体吸收与消耗的平衡来降低体重，从而保持比较健康的体形，而且经常参加健美操锻炼，还可以使人在身体活动的实际体验中，调节心理平衡，增强自信心。因此，健美操是非常受儿童、青少年喜爱的。

3. 益智功能分析

健美操运动通过改善人体大脑的物质结构和机能状况，全面发展观察力，广泛训练记忆力，启迪诱导想象力，帮助提高思维力，为智力开发创造良好的生理条件和环境条件。如果人们经常进行体育锻炼，就能保证大脑的能源物质与氧气的充足供应，促进大脑神经细胞的发育。

由于健美操的类型很多，其动作自然也较为丰富，所以人们在练习健美操的时候，对大脑神经系统提供各种刺激信息，从而有利于提高大脑皮层细胞活动的强度和灵活性，使整个大脑神经系统的功能得到改善。

4. 缓解精神压力，娱乐身心功能分析

社会在发展的同时，人们的经济水平也在不断提高，人们在享受各种物质生活的同时，精神上的压力也在不断增加。经调查发现，一个人如果长期处于比较压抑的环境之中，其精神压力也会不断增加，就会引发相关

的身体疾病，譬如高血压、心脏病等。适当的体育运动可以帮助人们缓解精神压力。在所有的体育运动项目中，健美操以其动作优美协调、全面锻炼身体而著称，在健美操的锻炼过程中，随着具有强烈节奏感的音乐，练习者的注意力往往会被转移，随着音乐来完成动作，从而忘记烦恼，缓解精神压力。

另外，人们在健美操的锻炼过程中，通过与其他练习者的交往，可以交到比较多的朋友，扩大朋友圈。目前来说，人们如果想要学习健美操，一般会选择去健身房，在专业的健美操教练的指导和帮助下进行学习。由于去健身房锻炼的人很多，参与健美操项目的人也不少，人们在健美操的锻炼过程中可以接触到许多"志同道合"的人，大家一起锻炼，相互鼓励，共同进步。因此，健美操的锻炼不仅可以强身健体，还可以使人们在锻炼的过程中解放身心，得到精神上的享受。

5. 医疗保健功能分析

健美操不仅是一项有益身心健康的有氧运动，而且具有医疗保健、强度低、容易控制运动量等运动特点。因此，健美操除了对身体健康的人来说具有良好的健身效果，对于一些病人也是一种良好的医疗保健手段。所以，加强健美操的锻炼对人们是起保健作用的，对人们的身体是有益的。

第二节　高校健美操教学任务与原则

一、高校健美操教学任务

高校健美操教学任务是指在健美操教学中为实现健美操教学目的而提出的不同层次的要求。

(一) 掌握与运用知识、技术，发展技能

健美操教学是教师有计划地传授和学生循序渐进地掌握健美操的知识、技术与技能，系统地领会并加以运用的过程。由于现代科学技术的飞速发展，知识更新速度加快，学科交叉渗透，现代体育教育对受教育者学习和掌握知识提出了新的更高的要求。健美操教学不仅要使学生掌握健美操的基本知识、基本技术和基本技能，还要把与健美操相关的知识引入教学，使学生学会发现，学会创造，并在实践中运用。

（二）身体素质的全面发展

身体素质是指学生在体育运动中，各器官系统表现出的各种机能和能力，包括速度、力量、耐力、协调性、柔韧度等几个方面。身体素质是所有运动能力的基础。在完成健美操动作中，学生须表现出力量、速度，使所完成的动作具有一定的幅度，并能协调地完成健美操动作。同时，尽管在练习中会出现暂时性疲劳，仍须坚持完成身体练习。因此，全面发展身体素质是健美操教学的重要任务之一。

（三）矫正体形

体形健美、姿态端正，既是身体发育的要求，也是美育的要求。完美的身体形态在某种程度上反映了机体功能的完善，而姿态的端正（正确的健美的站、坐、走姿势）更能使形态美在活动状态中展现出来，它从外部特征证实了人的生命力，也由此表现出美学价值。

当然，这里指的完善体形不是按某些人体美的时髦标准和规范去刻意地消除个人的体形特点，而是指在健康和安全原则的指导下，在全面发展人的身体素质基础上，正常地、自然地、无畸形变化地塑造健美形体。

（四）进行审美教育

审美教育是指使受教育者形成科学的审美观念、较强的美感和创造美的能力的教育过程。健美操教学具有进行美育教育的广阔空间，因此，应充分利用这一有利条件，培养学生正确的审美观念、健康的审美情趣和较强的审美能力。通过审美教育，不仅可以提高学生的审美修养，促进身心健康发展，而且能促使学生以审美的情趣和观念进行健美操的学习。

（五）能力的培养

能力是素质构成的重要方面，它是一种无形的、促使人不断发展的潜在品质。现代学校体育早已摒弃了单纯传授体育知识、技术、技能的狭隘观念，培养学生能力已成为体育教育的重要目标之一。健美操教学同样制定了能力培养目标，即把传授健美操的理论知识、运动技术、技能与发展学生能力结合起来，使学生在学习中、锻炼中、竞争中，发掘自己的潜能，引发对健美操的兴趣，促使其进一步学习和掌握健美操的知识、技术、技能，科学运用健美操理论和方法。健美操教学应着重培养以下几方面的能力：

（1）获取健美操知识与运用知识的能力；

（2）健美操教学与训练的能力；

（3）健美操创新与创编的能力。

二、高校健美操教学原则

体育教学原则是体育教学过程中客观规律的反映，是长期的体育教学实践经验的总结和概括，对体育教学活动具有普遍的指导意义。在健美操教学过程中，应根据该项目的特点，正确地贯彻与运用体育教学中的各项基本原则。

（一）自觉积极性原则

自觉积极性原则是指在教学过程中，不断使学生明确学习目的，启发引导学生自觉积极地完成学习任务。

自觉积极性原则是由健美操教学过程中教与学的双边活动的特点决定的。在健美操的教学过程中，教师起主导作用，但教是为了学，学生是学习的主体，学生掌握知识、技术、技能、发展身体是一个能动的过程，需要积极思考和反复练习，学生没有自觉性是不行的。因此，教师的主导作用就是要善于调动学生的自觉积极性，只有这样，才能加速教学过程，完成教学任务。

在高校健美操教学中，贯彻自觉积极性原则，需要注意以下几点。

第一，教师要以自己严格认真、亲切耐心的教态和有条理的教学组织以及丰富的知识去引导和教育学生，并通过向学生讲解开展健美操运动的重要意义、健美操的锻炼价值等，使学生热爱这项运动，激发学生的自觉积极性。

第二，教师要不断深入了解学生，根据教学任务和学生实际，准确确定教学内容和要达到的标准要求。只有教学内容和要达到的标准要求符合学生实际，才能有效地激发学生学习的自觉积极性。教材内容过难或过易，教学标准要求过高或过低，都会影响学生的积极性。

第三，教学要有启发性。在健美操教学中应启发引导学生动脑筋、勤思考、多研讨，生动活泼主动地学习。教师可通过启发性提问，正误对比的示范和分析以及组织学生互相观察、互相研讨、互相帮助提高等措施，促进学生积极思考，提高学习的自觉性。教师要正确及时地评价学生完成动作的质量和评定学习成绩，也要注意培养学生自我检查动作的能力。学生只有学会自我分析完成动作的情况，才能有效地提高学生的自觉性，深入理解和掌握动作。在健美操教学中，教师还应重视学生的独立性和创造性，要善于发现学生学习中表现出的独创精神，并给予支持和鼓励。同时，教师也应从中得到启发，从而不断提升教学水平。

第四，教师应不断以新的知识充实和丰富自己，不断把新的技术运用到自己的教学实践中，使教学内容丰富多彩、不断创新，教法严密紧凑、生动活泼、多种多样，运用健美操本身具有的魅力去引起学生的兴趣和求知欲望。

第五，教师要不断提高自身的业务水平，注重自己的言行仪表，给学生以健与美的直观感受，提高学生的学习兴趣，如饱满的情绪、整洁合体的运动服装、准确优美的动作示范等。

（二）直观性原则

直观性原则是指教学中尽量利用学生的各种感官和已有经验，通过各种形式的感知，丰富学生的感性认识和直接体验，使学生获得生动的表象，从而掌握所学的健美操知识、技术与技能，并培养学生的观察力和发展学生的思维能力。

在健美操教学中，教师主要是通过反复从事各种身体练习来完成一定的教学任务的。因此，教师必须综合运用各种有关的感觉器官，即除了通过视觉、听觉来感知动作的形象以及空间与时间的关系外，还要通过触觉和肌肉的本体感觉来感知动作的要领、肌肉用力的程度和方法以及动作过程的时间与空间的关系等，从而建立完整、正确的动作形象和概念。这是包括健美操在内的体育教学中运用直观性原则的一个特点。

体育教学中常用的直观方式在健美操教学中都可以运用，诸如动作示范、图片、电影和录像、幻灯片等。

在高校健美操教学中，贯彻直观性原则，需要注意以下几点。

第一，要明确直观的目的和要求，广泛运用各种直观方式。直观是手段，目的是通过直观更好地完成教学任务。因此，运用各种直观方式时，教师要有明确的目的，要根据教学的具体任务、教材的性质和难易程度以及学生的特点，有区别、有目的地加以运用，防止为直观而直观。同时，应注意除运用动作示范外，可广泛利用图片、录像、幻灯片等直观教学手段。

第二，教师生动形象的语言具有直观的作用。这就要求教师的讲解、提示、指示等要简明、生动、形象，防止平铺直叙。同时，还应注意结合学生已掌握的知识、技术、技能和生活经验，用生动形象的比喻，通过分析、比较等办法，使学生明确动作的要点和完成的方法，提高直观的效果。

第三，要启发学生积极思考。直观能使学生看到动作正确的形象，但一般的观察或单纯的模仿不能取得最佳效果。因此，在运用各种直观方式时，教师要善于引导学生积极思考，通过观察、分析、比较来加深对动作技术的理解，了解动作各部分之间、动作与动作之间的联系以及动作的正确与错误之间的界限等，提高学生分析问题与解决问题的能力，更好地掌握专项知识和技术，从而能举一反三、触类旁通，提高教学效果。

（三）从实际出发原则

从实际出发原则，是指健美操教学的任务、内容、组织教法和运动负荷的安排，都要力求符合学生的年龄、性别、身体发展的水平和健美操知识技能的基础以及学校的场地、设备、器材和地区季节气候等实际情况，使学生能够接受，便于教学工作的组织进行。这一原则是学生身心发展的客观规律所要求的，也是组织实际教学工作所必需的，只有遵循这一原则，才能使教学工作取得良好的效果。

在高校健美操教学中，贯彻从实际出发原则，需要注意以下几点。

第一，要深入调查研究，切实掌握学生的具体情况。在健美操教学中，教师要通过各种途径和方法，全面掌握学生对健美操的认识、兴趣爱好、思想意志品质、组织纪律性、体育基础、身体发展状况、接受能力以及学习、生活等情况。不仅要了解教学班级的整体情况，还要了解个别学生的特殊情况，以便有针对性地确定教学任务，选择与安排教材内容、组织与教法以及运动负荷，采取有效措施，因材施教，提高教学质量。

第二，针对学生的实际情况，正确确定教学任务，有的放矢地选择与安排学生教材内容、组织教法与运动负荷。教学任务、内容、组织教法与运动负荷的大小，要符合学生的实际水平和接受能力，这是从实际出发原则的重要要求之一。任务要求过高、教材内容过难、组织教法和运动负荷不切合学生实际，超过了学生的实际水平和接受能力，不仅难以完成教学任务，还会产生不良后果，甚至发生伤害事故，挫伤学生学习积极性。从学生实际情况出发，不是降低要求，而是根据学生的实际情况做出选择与安排。教师在确定教学任务、内容、组织教法与运动负荷时，应使学生经过一定努力后能够达到目标。这样就要求教师要具有较高的教学技巧来调动学生学习的自觉积极性。

第三，一般要求与区别对待相结合。在一个教学班内，绝大部分学生在年龄、体质、身体发展和体育基础等方面基本上类似，但也要注意到少数学生的差异。要使教学工作取得良好效果，既要照顾到绝大部分学生的情况，又要照顾到少数学生的特点。要在一般要求的基础上，认真贯彻，区别对待，因材施教，把一般要求与区别对待结合起来。

一般要求与区别对待应贯穿在教学任务、内容、组织教法和运动负荷等各个方面。例如，一堂课的任务、内容与要求，应是大多数学生经过努力都能够完成的，这是一般要求。同时，在这个基础上，应根据不同学生的特点提出不同的要求，做到区别对待。再如，对多数学生提出学会某一动作技术的要求，而对少数较好的学生可能提出改进、提高某一动作技术的要求，对较差的学生则可能提出初步学会某一动作技术的要求；对多数学生安排中等水平的运动负荷，而对少数较好或较差的学生安排较大或较小的运动负荷等。教师在组织进行反复练习时，除了共同的教法措施外，对较好的学生可让其独立完成动作，并在完成动作的质量或数量上适当地提出新的、更高的要求，而对少数较差的学生，则要多注意保护与帮助，采取一些特殊的教法步骤和辅助练习，使他们能够完成教学要求；对一些意志品质较差的学生，要多帮助鼓励他们，使他们看到自己的学习成绩，提高他们的学习信心；对某些组织纪律性较差的学生，则应加强教育等。

一般要求是根据教学大纲的基本要求确定的，是全体学生都要达到或完成的，教师应把主要精力放在完成一般要求的教学活动上。对完成一般要求有困难的学生，教师应采取有效措施，贯彻区别对待的原则，因材施教，使其逐步达到一般要求的水平，完成教学大纲的要求。对完成能力较强的学生，应对他们提出更高的要求，使他们能掌握更多的健美操知识、技术和技能，更好地锻炼身体、增强体质。

此外，教学的组织、学生的分组、练习的次数和形式、运动负荷的安排，还要考虑到季节气候、场地、器材等因素的影响。

（四）循序渐进原则

循序渐进原则是指教学内容、方法和运动负荷的安排顺序，都要由易到难、由简到繁、由已知到未知，逐步深化，不断提高。如果违背这一原则，急于求成，就会给学生学习造成困难，影响教学质量，甚至会损害学生身体健康。

在高校健美操教学中，贯彻循序渐进原则，需要注意以下几点。

第一，在安排教学内容、组织教法时，应遵循由易到难、由简到繁、由已知到未知、由浅入深、不断提高要求的原则，这样才能使学生易于接受。但是，难和易、繁和简、深和浅都是相对的，应根据不同的对象和条件而改变。例如，身体发展和掌握技能程度不同的人，在掌握某一动作时的难易程度也不同；同一动作，对一些学生来说是简单容易的，但对另外一些学生来说，可能是困难和复杂的。因此，在教学中，对易和难、简和繁、浅和深的要求，要结合学生的特点和条件全面考虑。

第二，加强计划性。安排计划时，要考虑教材纵的系统和横的联系。为保证健美操教学循序渐进地进行，必须有周密的教学计划。在制订计划时，应按照前后衔接、逐步提高的要求，安排各类健美操本身的教学系统，还要考虑不同种类健美操之间的联系。教师在安排课程内容与设计教法时，要考虑课与课之间动作形成的连贯性，还要考虑技术之间的相互影响、动作技能的转移和身体素质的转移以及技能与素质之间的相互影响，这种转移和影响有积极的，也有消极的。已获得的运动技能和身体素质对新技能和其他素质发生良好作用的称为积极转移，起不良作用的称为消极转移。我们在安排教材时，应尽量利用积极转移，避免消极转移。在安排身体素质教材时，要考虑各种不同性质练习之间的联系。在一次课程的安排时，一般采用这样的顺序：灵敏、协调性的或速度性的练习——力量性的练习——耐力性的练习。另外，应循序渐进地有节奏地合理安排运动负荷。

（五）巩固提高原则

巩固提高原则是指在健美操教学中，学生通过不断地巩固和提高所学到的技术、技能，牢固地掌握并熟练地加以运用，取得增强学生体质的效果。

这一原则是由条件反射强化和消退的理论与人体机能适应能力的变化规律所决定的。进行身体练习能促使机体的机能和结构逐步发生变化，从而增强学生体质。但如果这种变化间歇时间过长，就表现不出运动效果的积累。如果中断练习，肌体机能就会消退，从而降低体质水平。因此，教师在教学时必须不断地进行巩固练习。在一定的生理界限内，上述机体的变化与运动负荷是成正比的。当学生已经适应一定负荷时，就应逐步增加负荷，形成新的适应能力。

掌握健美操知识的同时，技术、技能也需要巩固提高。只有不断地强化练习，在大脑皮层中建立牢固的动力定型，防止消退，才能熟练掌握并能运用自如。这也能为学习新技术、新技能打下良好的基础。

在高校健美操教学中，贯彻巩固提高原则，需要注意以下几点。

第一，使学生清晰了解动作技术、技能的正确概念、要领和完成的方法，并注重发展学生的身体素质，使之具有一定的身体训练水平。这对学生掌握和提高健美操知识、技术和技能具有重要意义。

第二，组织学生反复练习并逐步提高要求。反复练习和经常复习是巩固和提高所学知识、技术和技能，提高身体素质的基本方法。通过反复练习，可以消除动作的不足和错误，使大脑皮层的暂时联系不断巩固、定型，使有机体的机能不断地适应变化了的条件。因此，每次课程安排都要使学生有足够的练习时间和次数，要让学生多进行练习。反复练习不是简单、机械的重复，而是在原有基础上逐步提高要求，调动学生的自觉积极性。在复习巩固已掌握的技术动作时，可采取增加难度的办法，从而使已获得的动作技能逐步得以提高，运用自如。例如，教师鼓励学生在已学动作基础上，编排各种组合成套动作进行练习；改变开始姿势和结束姿势；改变动作速度、节奏和力度进行练习等。

第三，健美操是以组合或成套动作作为表现形式，用评分来衡量动作质量效果的项目。为此，对已掌握的动作，要不断提出更加完善的质量要求。同时，要求和鼓励学生运用所学知识、技术和技能与他人合作或小组合作进行创编健美操动作组合或成套动作。

第四，通过考核、表演和竞赛等形式，进行巩固与提高。教师对学生的考核有平时提问、测验及考试等方式。平时检查，能及时了解学生情况，及时改进教学；定期考试要集中复习、练习，使所学动作得以巩固提高，身体素质得到发展。通过竞赛来巩固所学知识、技术和技能，促进学生身体发展。竞赛要求学生在复杂多变的环境中和在相互竞争的情况下，运用所学到的知识、技术和技能，这对巩固和提高知识、技术和技能，发展身体和培养良好的道德意志品质都有很大的作用。因此，在教学过程中，可适当组织游戏比赛、教学比赛、测验比赛以及组织学生参加专门的运动竞赛等。

（六）身体全面发展原则

身体全面发展原则是指在健美操教学过程中，教材内容的选择与安排要全面多样，组织教法的运用要恰当，使学生身体的各个部位、各器官系统的机能、各种身体素质和基本活动能力都得到全面的发展。

现代科学证明，人体是在大脑皮层统一调节下的有机整体。人体的各个部分、各个器官系统的机能，身体素质和基本活动之间，都是相互联系、相互制约的。某一方面的发展，都会影响其他方面的发展。如果调节恰当，就能相互促进，共同提高，使身体得到均衡发展，各器官系统机能活动协调。若调节不当，则会造成学生身体畸形发展，损害学生的健康成长。健美操运动的特点在于它是自然、协调的运动，对身体全面均衡地发展有着积极的影响，但各类动作又各有其特点，因而，教师在教学过程中应注意学生身体的全面发展，以促进其掌握各种动作技术，保证教学任务的顺利完成。

在高校健美操教学中，贯彻身体全面发展原则，需要注意以下几点。

第一，在制订教学计划和教学进度时，应注意各类教材的搭配，尽量保证学生的身体得到全面的锻炼。

第二，在安排每次教学课的内容时，应注意动作性质、形式、运动量及身体素质等方面的合理性。一堂课中，既要安排柔韧练习，又要安排适当的力量性练习等，以使身体各部位及各种素质都能得到全面锻炼。安排基本教材时，要考虑到既能提高身体素质，又能发展身体各个部位和各种基本活动能力，还要有针对性地安排某些提高身体素质的内容，以弥补基本教材对身体全面发展的不足。

第三，在确定考核项目和内容时，要考虑全面发展学生身体的因素，全面地搭配，以推动和保证学生的身体得到全面的锻炼。

此外，还应加强思想教育，使学生明确身体全面发展的意义，避免单纯从兴趣出发、不重视全面锻炼的倾向。

第三节　高校健美操教学现状与对策

一、高校健美操教学现状分析

(一) 教学基础设施不完善

教学设施对于高校教学活动的开展及其水平的提升有着非常重要的影响。当前，我国多数高校，在教学条件方面有了很大的改善，充分运用了电子设备与信息化平台，大大提升了教学质量。目前，我国很多高校建设了标准的体育馆与练舞室等，然而，很多高校所配备的健美操运动设备与器材还比较落后，缺乏专门的健身房，而且一些学校的健美操训练场地是由水泥制作的地面，且又没有铺设标准的地毯，如果有学生不小心跌倒，则很容易造成身体损伤。

（二）教学内容滞后单一

高校健美操的教学内容与其他体育课程一样，既有理论内容，也有实践内容，二者不可或缺。然而，当前在我国高校健美操教学内容体系中，普遍存在实践教学比例大于理论教学比例的现象，多数教师往往直接教授健美操运动的技巧与技能，却忽视了健美操理论教学内容。虽然有一些高校也设置了理论教学内容，但只是简单地涉及健美操基本理论知识，而更受学生欢迎的关于健美操运动的实用内容却非常缺乏，如健美操音乐、健美操锻炼方法与保健理论等。与此同时，我国多数高校在健美操教学实践内容中，也只是以技术动作的训练为主，很少引入一些目前比较流行的内容。总之，如今我国高校健美操教学中，普遍存在重实践、轻理论的问题，且理论内容的设置比较单一，缺乏科学性与合理性。

（三）教学方法陈旧，缺乏创新

根据对我国高校健美操教学现状的研究发现，健美操教学方法存在诸多不尽人意之处，以往长期存在的问题现在仍然存在，主要表现在教学方法相对陈旧且单一。多数教师仍然采用传统的讲解示范法进行教学；在健美操训练过程中，常用重复训练法进行训练，很少采用一些新型教学方法进行教学；在教学过程中普遍存在缺乏创新的问题，大大降低了学生的学习兴趣。如果教师仍然固守传统单一的教学方法，不愿意进行创新与探索，势必难以有效满足新形势下的教学需求，也难以实现学生的个性发展，从而不利于教学效果的提升。

（四）课堂模式单调，不能体现学生的主体性

从目前健美操教学的开展情况来讲，课堂教学模式以教师讲解示范、学生模仿练习为主，在这样的教学模式之下，学生的主体性得不到体现，课堂是由教师主导，学生的学习行为全部听教师指挥。这样一来，学生就很难发挥出自身的学习主动性。

（五）高校领导重视程度不够

当前我国高校健美操教学中，普遍面临着领导重视程度不够的问题。多数领导没有充分认识到健美操运动对于促进学生身心素质发展的重要价值，这就直接影响了其对健美操运动各方面的投入力度，从而导致当前我国高校健美操面临场地设施不够完善、师资力量不足等问题。由此可知，

高校领导的重视程度对于健美操教学活动的高效开展具有至关重要的作用。如果领导不能予以充分重视，势必会对健美操运动教学活动的开展造成很大阻力，从而难以充分发挥其促进学生健康发展的重要作用，相反还容易让学生对健美操课程产生厌烦心理，最终造成教学资源与学生时间的浪费。

（六）学生参与意识不强

尽管健美操运动对促进学生身心健康的发展具有十分显著的作用，但是，由于高校对健美操教学的投入力度不足，且教学方式过于单一，难以充分激发学生参加健美操运动的欲望。如今我国大多数高校都是将健美操作为选修课来开展的，而选修课对选修人数有一定限制，从而导致真正参加健美操运动的学生数量十分有限，但是这些学生往往只是为了获得学分而选择健美操，在平时的训练中只是为了完成任务，以顺利通过考试。由此可知，高校学生对于健美操运动的参与意识仍然不强。

二、高校健美操教学提升对策

（一）加强健美操教学设备的建设

优质的教学设施能够有效激发学生参加健美操运动的兴趣、信心及安全感，因此，高校应该着重从健美操教学环境方面着手，积极采取相应措施对健美操教学环境进行优化与完善。健美操运动包含大量的弹跳动作，这类动作很容易使学生产生运动损伤，这就需要高校加大对健美操相关基础设施及其配套设施的建设，如健美操专用舞蹈室、多媒体设备、标准的地毯及栏杆等，以充分保证健美操训练的安全性，更好地满足学生训练时的基本需求。

（二）丰富健美操教学内容

通过对我国高校健美操教学内容及现状的研究，高校可以从健美操教学理论内容与实践内容两大方面来进行相应的改革。首先，高校应该在保留原有健美操理论教学内容的基础上，对其进行进一步充实、完善与优化，除了教授与健美操相关的简单理论知识之外，还可以将健美操音乐知识、锻炼方法及运动损伤防治等内容融入教材体系中。其次，优化健美操实践教学内容，高校可以根据学生的兴趣与需要，将近几年来深受学生欢迎的流行内容引入到实践教学内容体系中，如拉丁健美操、轻器械健美操、搏击健美操、街舞、恰恰舞等，为原来的健美操实践教学内容体系注入更多新鲜血液，以提升学生的锻炼兴趣，进一步丰富健美操实践教学内容。

（三）创新健美操教学方法

根据对目前我国高校健美操教学方法现状的分析可以看出，健美操亟须突破自己，大胆地引用、尝试新型的教学方法，根据教学目的与学生需求灵活选用多样化的现代教学方法。例如，可以将分层教学法、游戏教学法、情境教学法、多媒体教学法、视频反馈教学法等近几年来比较流行且实用的新型教学方法引入教学中。其中，分层教学法有利于增强教学活动的针对性，游戏教学法能够有效激发学生的学习兴趣，多媒体教学法能够增加教学的生动性与直观性等，也可以采用探究式教学法、任务型教学法等，培养学生自主学习与自主思考能力。

（四）构建多样化的教学模式

除了利用信息技术来辅助健美操教学之外，教师还需要对教学模式进行合理优化，构建起多样化的教学模式，让健美操教学呈现出新颖趣味的状态。首先，教师可以创设小组合作学习模式。将学生分为健美操小组，一般以 4 人小组为宜。4 名学生共同展开健美操学习，彼此之间相互监督与鼓励，在健美操学习过程中实现有效的交互，产生积极的学习兴趣。其次，教师可以构建想象训练。所谓的想象训练，就是以学生个体为核心，让学生在脑海中对具体的动作技术流程和动作的要点进行想象，在脑海中清楚准确地模拟出集体的健美操流程，然后再根据自己的模拟来进行练习。这样的方式可以让学生有效地掌握健美操的相关技术动作。最后，教师还可以创设情境教学。将健美操教学融入具体的情境之中。比如，创设影视剧情境、比赛情境等，让学生融入具体的环境进行锻炼，这样可以使其更加专注和高效。

（五）提高领导对健美操的重视度程度

作为高校领导，应该转变观念，加强对健美操教学的重视程度，因此，健美操教师可以向领导宣传健美操运动的重要性和促进学生发展的重要作用，重点强调健美操运动有利于改善学生的精神状态、培养学生良好的气质。与此同时，健美操教师应该让高校领导人充分认识到当前国内外健美操运动的发展现状和本校健美操教学的发展处于比较落后的阶段，使其对健美操教学引起高度的重视，激励其自觉主动地加大对健美操教学的重视程度与投入力度。

（六）逐步加强学生的参与意识

当前很多大学生不喜欢在固定的时间在固定的体育课程中学习健美操运动，他们更加倾向于利用自己的空余时间进行学习。因此，高校可以尝试改变当前固有的健美操授课方式，除了将健美操设置为选修课之外，还可以为其安排固定的教学内容和训练场所，由学生根据自己的时间来进行自由安排。这种自由度高的授课方式有利于激发学生主动参加健美操运动的积极性，也有利于吸引更多的学生参加健美操运动。

第二章 高校健美操课程基本理论研究

第一节 高校健美操课程的结构与类型

一、健美操课

健美操课根据其内容、性质可分为健美操理论课和健美操实践课。

（一）理论课

健美操理论课主要是通过讲授、课堂讨论、电化教学等方式，使学生掌握健美操的基本知识、原理、方法、竞赛组织及裁判等方面的系统理论。其教学内容可以根据各院校教学计划、教学大纲来确定。

健美操理论课内容一般包括以下几个方面。

1. 健美操概述

健美操的定义、健美操的分类、健美操的特点、健美操运动的意义和功能、健美操发展简况。

2. 健美操术语

术语的概念、术语的内容、术语的构成和记写方法、术语的运用及运用时应注意的问题。

3. 健美操基本动作

基本动作的概念、基本动作的特点与作用、基本动作的主要内容。

4. 健美操动作绘图技法

绘图的意义和作用、绘图的种类和表现形式、单线条图的绘画方法、动作的完整记写方法。

5. 音乐知识及欣赏

音乐知识简述、音乐的基本表现手段、常用的音乐种类、音乐的选择与剪接、音乐欣赏。

6. 健美操教学法

教学的任务、特点，常用的教学方法、手段及运用。

7. 健美操训练法

训练原则、训练内容、训练方法、训练过程、训练安排及注意事项。

8. 健美操的科学理论基础

生理学基础、心理学基础、美学基础。

9. 健美操的创编

创编健美操的因素、创编的目的、健身健美操的创编、竞技性健美操的创编、表演性健美操的创编。

10. 健美操的裁判方法

裁判总则、评分内容、标准与方法、裁判员的组成与职责。

11. 健美操竞赛的组织

竞赛的意义及特点、竞赛的种类及内容、竞赛的组织、竞赛的进行。

12. 健美操运动的科学研究方法

科学研究的基本方法、科学研究的程序、科研论文的写作方法。

13. 健美操教学课

健美操课的类型、结构、准备、组织及注意事项。

(二) 实践课

健美操实践课是通过身体练习，使学生掌握健美操动作的方法、要领及教学方法，培养正确的身体姿势、塑造健美形体，增强各种身体素质等的课程。在实践课教学中，贯穿理论知识的讲解，并将理论与实践结合，加快动作技术、技能的掌握，教法的掌握，采用各种方法培养学生的多种能力。

根据健美操课所要解决的具体任务，可将课程分为：引导课、新授课、综合课、复习课和考核课。

1. 引导课

引导课一般指开课的第一堂课。其主要任务是讲授健美操的特点、锻炼价值及有关的基本知识，健美操的教学任务、内容、要求、考核标准及有关规章制度等，还可适当安排一些健美操练习内容。

教师在进行引导课教学时应注意以下两点：

（1）引导课中教师对讲授的不同内容应预先进行归纳，讲解时层次清楚、重点突出，使学生对健美操项目形成正确的、完整的认识，明确学习目的和要求，端正学习态度，积极投入到健美操学习中。

（2）授课形式要活泼多样，最好结合电视、录像等进行直观教学，提高学生学习的兴趣。

2. 新授课

新授课一般指以学习新教材为主的课。其主要任务是使学生学习和初步掌握健美操的新授内容。

教师在新授课教学时应注意以下几点：

（1）教师要遵循教学规律，善于正确运用讲解、示范以及练习过程中的各种教法措施等，使学生正确地感知动作，建立正确的肌肉感觉，形成正确的概念。

（2）对于多关节、多部位的复合型动作，通常采用分解法和带领法，使学生更加清楚地了解和掌握身体部位、动作方向、动作路线、身体姿势等的变化。

（3）教授新动作时，一般先采用口令节拍指挥练习，由慢速到正常速度，等到动作基本掌握后，再配合音乐进行练习。

（4）教授新动作后，应进行反复练习，使学生承受一定的负荷，但负荷量不宜过大，应侧重于动作技能的掌握。

（5）教师应对新教授的动作可能出现的错误制定预防措施，一旦出现错误，要有针对性地进行纠正。

3. 综合课

综合课一般指既要复习已学过的内容，又要学习新内容的课。它是健美操教学中常用的一种授课形式。

教师在综合课教学时应注意以下几点：

（1）教师应科学合理地安排新旧教材的教学顺序。一般先复习旧教材，再学习新教材。

（2）在复习旧教材时，教师应通过提问、讨论、默想、默练等手段引导学生对上次课所学内容（如完成动作的方法、动作的规格、技术要点、动作之间的连接等）进行回忆和复习，使教师了解学生对上次课所学内容的掌握情况，为进一步教学做好准备。

（3）在复习旧教材时，应进一步强化动作的技术要点及规格，对复习中出现的动作方向、路线或姿势等错误，教师应采用慢动作示范、领做或固定姿势等方法加以纠正。

（4）教师应根据新旧内容的教学任务、特点和难易程度，合理分配教学时间、确定运动负荷。一般情况下新授内容的时间多于复习时间，复习时的运动负荷大于学习时的运动负荷。

4. 复习课

复习课一般指以复习已经学习过的某些内容为主的课。其主要任务是在教师的安排和指导下，复习并逐步提高动作的规格和质量。

教师在复习课教学时应注意以下几点：

（1）教师应根据新授课学生掌握动作的情况提出复习课的目标要求，采取相应措施，以达到要求。

（2）在集体指导的基础上加强区别对待。在进行练习时，对于基础差的同学要加强指导，帮助他们改进动作，树立信心；对基础好的同学要注意适当提高要求。

（3）可采用分组教学的形式进行练习，可分组轮换，也可"一助一"地进行练习，这样容易调动学生的练习积极性，提高学生分析动作和纠正错误的能力，还有利于教师实施个别指导，检查学生掌握动作的情况。

（4）复习课上要注意精讲多练，增加练习的密度，以强化动作的熟练程度，提高动作规格和提高机体的有氧代谢功能。

（5）在课中可采用一个同学或一组同学进行表演、相互观摩、评比的方式，以激发学生的练习积极性，进一步提高和改进动作技能。

5. 考核课

考核课一般指以检查学生成绩为主的课。其主要任务是检查学生健美操学习情况和教学成果。教师在进行考核时应注意以下几点：

（1）教师要明确考核的目的、考核时的要求和评分标准。

（2）考核前要对考核的内容进行复习，做好准备活动，使学生充分发挥应有的水平。

（3）为提高考核的准确性和考核效率，一名教师可以同时考核两名学生。

二、健美操课的基本类型

健美操课是在教师的指导下进行的，一般在专门的健身房或俱乐部里开展。健美操课的类型多种多样，不同的健美操课种有不同的功效及乐趣，学生可以根据自己的喜好选择不同的项目进行学习。

（一）一般课

一般课类型指传统的有氧健身操课，依据学生的不同能力分成不同难度的课程班进行授课，通常分为初级课、中级课和高级课。

1. 初级课

初级课适用于平时缺乏锻炼或者初次接触健美操的学生。锻炼内容以低冲击力基本动作和基本技术为主，动作简单、多重复、音乐节拍较慢，因而对身体协调性的要求较低。

教师在进行初级课的教学时应注意以下几点：

（1）要让学生了解每个动作的名称及教师提示的方式。

（2）教师的示范要准确，每一个示范环节都应使学生清楚地看到并了解该动作要领。

（3）教师应教给学生有关健身与健康、运动与安全、饮食与营养等方面的基础知识。

（4）所设计的动作应以基本动作，尤其是低冲击动作为主，一个动作组合（32拍组成）最多不超过四个动作。

（5）可适当加入前后左右的移动路线和90°的方向变化。

（6）音乐的速度较缓慢，以不超过145拍/分为宜。

（7）教学方法多采用线性渐进法、金字塔法和递加循环法等。

2. 中级课

中级课适用于有一定锻炼基础和技术基础的学生，此课程是在初级课锻炼内容的基础上进行的。其动作以低和高冲击力相结合的动作为主，变化较多，音乐节奏较快，对身体协调性的要求较初级课有所提高。

教师在进行中级课的教学时应注意以下几点：

（1）动作的设计要富有变化，教师可加入一些个性化的风格，以增加课的趣味性，但动作设计不能过于复杂，避免学生因感到压力、难以完成而放弃学习。

（2）在进行低冲击力与高冲击力的动作组合时，高冲击力的动作不宜过多。

（3）可适当加入"L"形、"之"字形、转体等较复杂的路线变化，还可在前后左右的移动路线中加入"面"的变化。

（4）音乐的速度较快，以不超过150拍/分为宜。

（5）教学方法多采用金字塔法、递加循环法、过渡动作法和连接法等。

3. 高级课

高级课适用于经常参加锻炼和健美操技术水平较高的学生。其锻炼内容以高和低冲击力相结合动作或以高冲击力动作为主，动作设计较为复杂，变化较多，音乐节拍也较快，对身体协调性的要求进一步提高。

教师在进行高级课教学时应注意以下几点：

（1）动作设计多样化，方向路线复杂化，具有一定的挑战性。

（2）多采用分解—完整教学，每个组合中的基本动作可以增加一些，整堂课的形式可以更复杂多样，使学生更兴奋。

（3）音乐速度快，以不超过 155 拍/分为宜，课的强度由中等强度提高到高等强度。

（4）注意安全，重视热身活动，以避免由于高冲击力动作的不断加入而造成的下肢关节的损伤。

（5）教学方法多采用递加循环法、层层变换法、过渡动作法和连接法等。

（二）根据人体对地面冲击力的大小分类

根据人体对地面冲击力的大小，可以分为低冲击力课、高低冲击力课和高冲击力课。

1. 低冲击力课

低冲击力课是以低冲击力和无冲击力的动作为主的课，运动强度较低。其适用于初学者及运动能力不强的人群。

教师在进行低冲击力课教学时应注意以下几点：

（1）编排动作时一般比较简单，但也可以很复杂，如增加方向的变化和转体等。

（2）多采用镜面示范来教授动作，形成组合后要反复练习。

（3）音乐速度较慢，教学方法多采用线性渐进法、金字塔法和递加循环法。

2. 高低冲击力课

高低冲击力课是低冲击力动作和高冲击力动作相结合的课，运动强度中等。此类课程是目前实施最多的课程，适用于有一定锻炼基础和健康水平较高的学生。

教师在进行高低冲击力课教学时应注意以下几点：

（1）音乐的速度比低冲击力课的音乐稍快。

（2）动作编排时需要高冲击力动作与低冲击力动作相结合，但不要有过多的高冲击力动作。

（3）教学采用镜面示范与背面示范相结合的方式。

（4）教学方法多采用金字塔法、递加循环法、过渡动作法和连接法等。

3. 高冲击力课

高冲击力课是以高冲击力动作为主的课，运动强度较高。其适用于锻炼水平和健康水平较高的学生。一般此类课程安排较少，尤其是高难度或复杂动作的高冲击力课，不仅要求学生具备较高的技术水平和身体协调性，还要求学生具备很高的健康水平和身体素质，因此，从健身的角度来说适合的对象较少。

教师在进行高冲击力课教学时应注意以下几点：

（1）编排时以高冲击力动作为主，如开合跳、吸腿跳、跑跳等，运动强度较高。

（2）高冲击力动作容易造成下肢关节的损伤，因此，编排此类课程时应慎重考虑，注意安全。

（3）音乐的速度快，需要配合相对简单的手臂动作。

（4）教学方法多采用递加循环法、层层变换法、过渡动作法和连接法等。

（三）特殊课

目前国内外健美操课还有根据动作风格、器械和设备、特殊人群等来设置的具有一定特点的课程。此种课程按照学生的能力和水平分为初级课、中级课和高级课。

（1）根据动作的风格划分可分为：有氧搏击操课、爵士操课、有氧拉丁操课等。

（2）根据所使用的器械和设备划分可分为：踏板课、水中课、哑铃课、杠铃课、皮筋课、健身球课等。

（3）根据特殊人群的需求划分可分为：儿童课、母子课、孕妇课、老年人课等。

三、健美操课的结构

健美操课的结构是指构成教学活动的相对稳定而又有区别的基本组成

部分及各部分的活动顺序与时间分配。简单地说就是一节健美操课由哪几个部分构成，以及各部分的内容安排顺序、组织教法及时间分配等。健美操课的结构一般是以三部分或四部分的课为主体，也有多段教学的课。无论何种课的结构，其实质都在于遵循人体生理机能能力变化的规律和健美操课教学活动的特点，同时也考虑到学生心理活动的变化规律。

目前，学校健美操课多采用三部分（准备部分、基本部分和结束部分）和四部分（开始部分、准备部分、基本部分和结束部分）的结构。下面以三部分结构的健美操课为例进一步说明。

（一）准备部分

（1）准备部分时间：一般为 20 分钟（以 90 分钟或 100 分钟的课为例）。

（2）准备部分任务：迅速地组织学生，集中他们的注意力，明确上课的内容和要求，调动学生学习的积极性，使学生精神振奋、情绪饱满地开始一堂课的学习。做好准备活动，使身体各器官系统功能迅速地进入工作状态，一方面，为基本部分的学习做好充分的准备；另一方面，发展学生的体能，培养正确的身体姿势等。

（3）准备活动内容：在健美操课中的准备活动一般以热身操的形式出现，内容主要有以基本步法配合手臂动作为主的单个动作和组合动作。

（二）基本部分

（1）基本部分时间：一般为 60 分钟（以 90 分钟或 100 分钟的课为例）。

（2）基本部分任务：学习新内容，复习已学过的内容，使学生掌握健美操知识、技术、技能，提高身体素质，培养综合能力。

（3）教学内容：徒手练习、手持轻器械练习及借助于固定器械的练习。

①徒手练习：单个动作、组合动作、成套动作。

单个动作：身体各部位基本动作、基本步法及各种跳步动作。

组合动作：姿态组合、低冲击力组合、高低冲击力组合、高冲击力组合等。

成套动作：大众健美操 1～6 级等级动作、姿态健美操、青年健美操等。

②手持轻器械练习：手持杠铃、哑铃、环等轻器械进行的单个、组合

及成套健美操动作练习。

③借助各种器械练习：利用垫子、踏板、健身球等器械进行的各种练习。

（三）结束部分

（1）结束部分时间：一般为 10～15 分钟（以 90 分钟或 100 分钟的课为例）。

（2）结束部分任务：有组织地结束教学活动。通过整理练习，使学生逐渐恢复到相对安静状态；简要地进行课的小结，布置课外作业。

（3）整理练习内容：伸拉性放松练习；配合呼吸进行的放松练习；以弹动和抖动为核心动作，组编成轻松、活泼的放松操练习；局部按摩放松肌肉练习；借用气功、瑜伽的理论，用意念放松身体等练习。

在健美操课的结构问题上，不能将这三个部分作为固定不变的模式加以运用。一堂健美操课总有开始、结束和中间过程，总要有准备活动和整理活动，所以称这三个部分为基本结构。在实践中，课的结构形式多样，无论采用三部分结构，还是多段结构，都必须符合人体生理功能变化规律。各部分或阶段之间不仅要紧密衔接，有机联系，而且必须根据课的任务、练习的内容和学生的特点灵活应用，不能千篇一律，更不能认为健美操课无结构、无合理顺序，更不能随心所欲，而应从实际出发，讲求实效，采用适当的结构。

四、健美操课的结构形式

根据练习内容可将课划分为三段式、四段式、五段式等结构。

（一）三段式结构

三段式结构主要分为热身、有氧操和整理与伸展。其中热身占 10%～20%,有氧操部分占 60%～80%,整理与伸展占 10%～20%。有氧操部分可包括不同类型、不同风格的健美操，如搏击健美操、爵士健美操、拉丁健美操等。

（二）四段式结构

四段式是健身房常用的结构形式，主要分为热身、有氧操、轻器械操或肌肉调理及整理与伸展。其中热身占 10%～20%，有氧操部分占 40%～50%,轻器械操或肌肉调理占 30%～40%，整理与伸展占 10%～

20％。有氧操部分内容同三段式，中间两段一般应包括一段有氧练习和一段力量练习。在有氧练习后和力量练习前应有一个简短的整理。

（三）五段式结构

五段式结构包括热身、有氧操、轻器械操或肌肉调理、其他形式内容（柔韧）、整理与伸展。其中热身占 10％～20％，有氧操部分占 30％～40％，轻器械操或肌肉调理占 20％～30％，柔韧部分占 20％～30％，整理与伸展占 10％～20％。

第二节　高校健美操课程的准备与组织

一、高校健美操课的准备

（一）课前准备的意义和形式

1. 课前准备的意义

做好课前准备工作是上好健美操课的先决条件，是提高教师教学水平和工作能力的一项重要措施，也是实现健美操教学目标的必要手段。

2. 课前准备的形式

课前准备可以个人单独备课，也可以组织集体备课。集体备课应在个人备课的基础上进行，集体备课可以集思广益、取长补短、统一要求、规范教学；同时还可以全面、合理地安排和使用场地、设备等，提高教学的效率。在此基础上，确定采用何种教法和手段。这是教师课前准备工作的基本环节之一。

（二）课前准备的内容与要求

健美操课前准备哪些内容，提出什么样的要求，要根据学生、教材和教师的具体情况来定。通常从以下几个方面来进行。

1. 钻研大纲、教材和参考资料

教师应认真学习和分析健美操教学大纲和教材，准备好大纲教材的补充材料，如健美操动作图解、音乐、录像等，明确各项教材在健美操教学中的意义、任务、分布及要求等，最后再确定教学中具体计划和安排。钻研教材时，要明确教材的目的性，领会教材内在的思想性、系统性和科学性，掌握教材的重点、难点和关键点，并选择有效的教学手段。

除了钻研教材外，还要参阅有关健美操教学方面的参考书刊，以便学习和借鉴国内外最新的健美操知识。这是教师课前准备工作的基本环节之一。

2．了解和分析学生情况

学生是教学的对象，只有了解学生，才能有的放矢地确定课程的目标，选择适宜的教学方法和手段。因此，必须从学生的身体条件，健美操的基础，对健美操的认识，学生的兴趣、爱好、纪律等方面对学生进行深入的了解，根据了解的情况采取相应的措施，保证教学的顺利进行。

3．合理安排教学内容

在深入研究教材、了解学生特点的基础上，还要根据每次课的任务、内容和学生实际情况等，进一步考虑和安排教学内容的先后顺序。例如，以创编健美操动作为主的教学课，其内容应先安排讲授编操的原则、创编的方法和创编动作的要素等理论知识，然后进行创编实践，其教学步骤的安排应能保证顺利完成这些教学内容。

4．钻研并确定教法

常言说："教学无定法，贵在得法"。我们应吸收国内外行之有效的教学方法，结合健美操自身的特点，创造性地运用各种教学方法。教学方法是根据教学内容、任务及学生的特点等来选用的，所以说健美操教学方法的使用合理与否是教师完成教学任务、学生掌握动作技术及技能的前提和保证。教学内容确定了之后，教师根据学生的特点和实际情况确定动作教法步骤，以使教学过程顺利进行，达到预期的教学效果。

5．准备音乐

课前要反复筛选音乐，根据不同的练习内容选择相应的音乐。例如，热身部分时选择节奏感强、速度合适、旋律优美、具有感召力的音乐，让学生达到出汗的效果；教授动作时选择与动作配套的音乐，使动作与音乐完美配合，让学生完全沉浸在音乐的旋律中，帮助他们记忆动作；在放松阶段则要选择节奏舒缓、旋律优美的音乐，达到放松身心的效果。教师应反复熟悉音乐，做到心中有数，并且应避免长时间使用同一首音乐，用过一段时间后及时进行更换。

6．编写教案

教案是根据教学进度和单元教学计划来编写，并须在了解学生情况和认真钻研教材和教法的基础上进行，是教师课前准备的一项重要工作。

（1）教案的格式和写法

在实践中教案的格式和写法多种多样，概括起来有表格式和文字叙述式。这两种格式两种，各有其优缺点。表格式一般按表格规定的内容填写，比较清楚，既便于自己看，又便于别人检查，但书写较复杂；文字叙述式一般按上课的先后顺序写，书写较容易，但不如表格一目了然。无论采用何种格式，都应以简明、清楚、扼要为原则。

（2）编写教案的步骤和要求

在分析研究教学进度中所规定的本课的主要教材的基础上，还要做到以下几点：

①确定课的教学任务。在研究教材的基础上，确定学生所要学习的健美操动作和知识点，并根据学生的情况制定本次课所应达到的目标，即制定课的任务。

②安排好课的内容和组织教法。在编写健美操教案时既要确定需要教授的动作，还要确定每次课重点应掌握的内容，如动作要点、练习方法、锻炼价值等内容；在安排课的组织教法时，应首先确定基本部分的组织教法，然后再安排课的准备、结束部分的组织教法，要根据本次课的教材特点、学生情况、场地情况来确定。但在写教案时，则可按照课的部分顺序书写。

③分配好课的时间。这是指课的各部分的时间和每个教材的时间。每项教材的时间要根据学生应掌握知识点的多少、教材的难易程度来确定。例如，难度较大的教材内容，时间的安排应该多一些；较为简单的教材内容时间可安排的少一些。又如，有些教材内容既要求学生掌握动作要领，还要求学生了解动作原理及练习方法，这样的教材知识点较多，分配的时间也应多一些。

④安排好课的密度及运动负荷。如果以学习健美操动作、原理、练习方法等为主的课，其运动密度和负荷要小一些；以复习为主，特别是以复习成套动作为主的课，其运动密度与负荷都要大些。

⑤根据课的内容，确定好本次课所选用的音乐、器材、场地等。

7. 准备器材和设备

教师至少要提前十分钟到场。首先，检查音响设备和场地状况是否正常，如有问题应及时解决。其次，准备上课所需的器材，如哑铃、踏板、垫子等，并布置在不影响其他部分课的进行且便于取放的地方。

二、高校健美操课的组织

(一) 健美操课的组织内容

健美操课的组织是为了更好地完成课的任务所采用的教学组织方式，即根据练习内容、学生特点和教学条件等，进行合理安排所采取的措施。健美操课的组织工作是否严密、合理，直接影响教学效果。井然有序的健美操课的组织不仅有利于学生更快地学习和掌握动作，而且也能保证教学过程中的安全，避免受伤事故的发生。

健美操课的组织工作内容包括：制定和执行课堂常规、组织练习队形、组织练习形式、合理安排队伍的调动以及确定骨干的培养与使用、布置场地器材。

1. 健美操课堂常规

健美操课堂常规是指为了保证健美操教学的正常进行，对师生提出的一系列要求和必须遵守的规章制度。制定课堂常规不仅有利于建立正常的教学秩序，严密教学组织，还对加强学生的思想教育，培养文明素质都有十分重要的作用。健美操课堂常规一般包括下列内容。

(1) 对教师的要求。

第一，教师应做好上课前的准备工作。课前教师应认真备课，制定教案，了解学生、场地等情况。

第二，教师不能随意更改教学内容，应根据教学大纲和教学进度进行教学。

第三，上课时应安排时间向学生说明课的主要内容、特点和目的，使学生做到心中有数。

第四，课堂上应加强安全教育与措施，做好准备活动与整理练习。

第五，课程结束时，应进行小结和讲评，提出新的希望和要求，布置课后练习任务，并且在课后，教师应主动与学生进行交流，及时了解他们对本节课的感受和想法，根据学生的反馈信息及时进行总结，不断提高授课质量。

(2) 对学生的要求。

第一，请假。学生因伤、病、女生因例假等原因不能正常上课时应自己或由体委向教师说明原因，教师根据不同情况安排见习。

第二，着装。一般要求学生上课时穿运动服（最好是健身服）、运动鞋和运动袜，不得带有碍运动的物品。

第三，场地器材：课中学生应按教师的要求，有秩序地拿放器材，养成爱护器材设备的好习惯。

2. 组织练习队形

合理组织练习的队形是顺利进行练习的保证。科学而熟练地运用队形，能够活跃课堂气氛，调动学生学习积极性，并能合理地调节课的密度和运动负荷。因此，组织练习队形要做好以下几点。

（1）依据条件定队形。

练习队形的选择应根据人数的多少、场地的大小等具体情况来确定。

（2）队形应便于观摩与指挥。

选择的队形既要便于学生看清教师的示范动作，又要有利于教师观察和指挥学生进行练习。

（3）练习间隔距离要适宜。

练习的间隔与距离以不妨碍完成动作为宜。徒手练习时一般左右为两臂间隔，前后为两步距离；器械练习时应根据器械特点和练习涉及的范围适当增加间隔距离。

3. 组织练习形式

根据安排练习的内容及任务一般可采用如下形式。

（1）集体练习。

集体练习是指全体学生同时进行练习。在健美操课上大多采用这种形式（热身操和新授内容）。这种形式便于教师集中讲解、示范，节省教学组织时间，有利于加快教学的进程。

（2）分组练习。

分组练习是把学生分成两个或两个以上的组，可以做相同的动作，也可以做不同的动作。可把学生分成几个组，每组布置不同的内容，然后进行依次轮换；也可把学生分成两个组，安排一个内容，两组轮换进行练习。采用何种分组形式，主要根据教学任务、练习内容、学生人数及场地器材设备等情况而定，不能千篇一律。在分组教学时，教师要有目的、有计划地进行巡回指导。同时教师要注意自己的站位，既要便于指导所在的小组，又要便于观察其他小组学生的活动。

练习形式多种多样，教师可以根据课的任务、练习的内容和学生的特点灵活应用。

4. 队伍的调动以及骨干的培养与使用

健美操课组织的好坏，还有赖于课上队伍的调动，即教师能否按任务的需要，及时、合理地将队伍调动成必要的形式。调动队伍时要注意口令的运用，口令应响亮有力，预令和动令分清，具有号召力。骨干的培养和使用能够减轻教师的工作任务，协助教师进行教学组织。

5. 布置场地器材

在进行健美操教学时，布置场地器材是必不可少的。在布置场地和器械时要遵循易于教学过程进行的原则，即要有利于教师进行讲解、示范；有利于学生进行练习；有利于教师进行观察，以便随时做出教学指示。因而器械的布置要相对集中，但必须留有足够的空间，器械摆放的方向要一致。

（二）课程练习

1. 课程准备

在课正式开始之前，教师应用几分钟的时间介绍本课的主要内容和练习的目的，使学生做到心中有数。同时，如有新的学生，教师应适当打个招呼，不要让新学生感到陌生和受到冷落。如果本次课是第一次课，或者都是新学生，那么首先应进行自我介绍，增进师生之间的了解，这样对后面的授课具有积极的作用。然后让学生检查自己的服饰，以确保没有危险的饰物。

2. 组织练习队形

健身房健美操课中没有太多的队形的变化和调动，原则就是学员之间不要互相碰触或是互相遮挡，以致影响自己做动作。这应根据参加练习的人数和场地的具体情况来确定。学生每人应有 2 平方米的空间，左右以学生两臂侧举不会相碰，前后以适当插空排列为准，这样不仅学生有足够的活动空间，还能够有效地观察到教师的示范动作和面部表情，有利于相互间的沟通。

在进行器械练习时，应根据器械的特点和大小适当增加练习队形的间隔距离。在取放器械时，教师要进行一定的指导与组织，使练习有效率同时减少伤害事故的发生。一些需要与学生进行互动的课程或需要教师一对一指导的课程，教师可以走到学生中间去进行交流与指导，对教师来说这时要处理好个别与集体的关系。

3. 练习形式

健美操课多采用集体练习的形式。因为有氧操要求中低强度、长时间的运动，在课程的进行过程中最主要的要求是保持学生的心率在一定的时间内不下降，使之稳定在最佳心率范围内。因此，集体练习就成为一种最有效并被广泛采用的健美操课练习形式。

集体练习又分为两种不同的练习形式：集体同时练习和集体分组练习。

集体同时练习即所有的学生同时做同样的动作，其优点是比较简单、便于教师的指挥，容易达到练习的强度和密度要求；其不足之处是形式比较单一，使学生容易感到枯燥，从而失去练习的兴趣，需要教师特别重视与学生的沟通和激励方法的运用。

集体分组练习即把学生分成若干个组，同时或依次做不同的动作。集体分组练习加强了学生之间的配合和联系，增加了练习的乐趣，同时把教师的主要工作从单纯的领操中转移至课堂的组织，从而对教师提出了更高的要求。在一堂健身课中，可结合运用集体同时练习和集体分组练习两种不同的组织形式。例如，在热身和整理练习时采用集体同时练习形式，在中间的主要练习阶段采用集体分组练习形式。这样可使健美操课的组织更加丰富多彩，从而提高学生的兴趣和锻炼的效果。

4. 观察与调整

虽然每一个教师在课前都有一定的设想，也撰写了教案，但如果发现学生的实际练习情况和预期有较大出入，则可根据当时的实际情况对教学做一些局部的调整。这是因为学生每天的身体状况和情绪都有一定的变化，每一次健美操课的学生也不是固定的，因此，如果备课时设计了有一定难度的组合动作，但到了课堂上发现本次课来了很多新学生，这时就应该适当调整组合动作的难度，使之简单化让所有的学生都能跟上教师的动作。

总之，应保证课上所有的学生都感觉良好，都能跟得上动作，这样才能保证上课的效果。因此，细心的观察和及时调整对一堂健身操课的成功是非常必要的。

第三节　高校健美操课程资源的开发与利用

一、健美操课程资源简介

(一) 健美操课程资源的内涵

课程资源是指为了能够达成最初的教学目标，在教学活动当中所运用的多种资源，其中包含教材、学校以及家庭和社会等多个方面。而在我国高校体育课程教学中的健美操课程资源，所指的则是健美操课程的整体设计、编排以及综合评价等过程，是有助于健美操课程有效开展的人力资源和物力资源的关键。而且健美操教师是整个开发健美操课程资源的关键人物，这就需要健美操教师拥有较全的知识点，对新模式课程资源开发和利用有着一定的影响，因此，构建高素质的健美操教师队伍更是创设健美操课程资源的关键环节之一。

（二）健美操课程资源的分类

由于课程资源划分标准不同，体育课程资源可以划分为不同的类型。尽管难以一一涉及，不过根据对健美操课程资源概念的认识与理解，按照功能特点和支配权限对健美操课程资源进行如下分类（表2-1）。

表 2-1　健美操课程资源的分类

方法	分类	内容	特点
按功能特点分	素材性健美操课程资源	健美操知识、技能、经验、活动与价值观，等等	能够成为健美操课程的内容或来源
	条件性健美操课程资源	健美操教学中人力、物力、财力、场地设施与环境，等等	并不构成健美操课程本身的直接来源
按空间分布分	校内课程资源	同时包括素材性健美操课程资源和条件性健美操课程资源	健美操校内外课程资源对于健美操课程的实施是同等重要的

二、健美操课程资源开发与利用的意义

（一）健美操课程资源开发与利用能有效解决健美操教学所面临的一些发展性问题

当前，在高校健美操教学发展的过程中，存在着课程资源短缺及系统严重不平衡等问题。加强对新型健美操课程资源的开发与利用，则能够有效解决这一问题。根据当代大学生的实际情况，构建出一个新型的、满足大学生需求的高校健美操教学内容体系，是解决健美操课程资源短缺的一大有力措施。

（二）健美操课程资源开发与利用是健美操课程改革及发展的基础

健美操课程资源的相关问题，直接关系着当代大学生对健美操课程的需求及价值取向，直接关系到健美操课程自身的构建。与此同时，健美操课程资源是丰富多样的，包括大众健美操、竞技性健美操、时尚健美操、韵律健美操等，为了满足更多学生的需求，对现行传统的健美操教学进行改革也已势在必行，要以满足学生需求，满足社会对人才的要求为出发点，在健美操庞大的家族体系中，开发出与当代大学生特征相符合的新型健美操教学内容。对教学资源的开发也是教学改革的基础，是健美操课程谋求更好发展的基础。

（三）健美操课程资源开发与利用有助于健美操课程建设的发展

健美操课程资源，是健美操课程必不可少的内部组成要素，是课程实施的基础。通过教学实践发现，健美操课程资源的拓展程度如何、开发程度如何、利用效率如何直接决定了健美操课程的实施范围及实施水平。大量教学实践也已充分证实，健美操课程资源科学有效地开发与利用，有助于推进健美操课程的基础建设，有助于这一课程的自我完善。

三、高校健美操课程资源开发与利用的原则

（一）开放性原则

健美操课程资源开发与利用需要遵循的开放性原则，主要表现为实现途径的开放性、开发与利用空间的开放性与开发类型的开放性三个方面。所以，课程资源的建设者，必须根据本校的实际情况，在开放性原则的指引下，去开发出具有多样性的、满足不同学生需求的课程资源。

（二）优先性原则

高校的健美操课程资源具有多样性特点，这就需要在开发新模式的过程当中，充分掌握和了解每一名学生的兴趣爱好以及学习需求，以此来确定哪一部分资源能够先进行开发与利用，哪一部分的资源后进行开发与利用，只有长时间秉承着这一原则，才能有效地吸引学生的学习兴趣，促使教学质量得到有效的提升。

（三）经济性原则

健美操课程资源开发与利用需要遵循的经济性原则，主要表现为时间层面上的经济性、空间层面上的经济性、学习层面上的经济性以及开支层面上的经济性四大方面。简而言之，就是要做到用最少的开支与精力，创造出最好的成绩。具体来讲，就是要能够依照当地的经济文化水平、当地的资源优势以及本校的师资力量水平来进行课程资源的开发。

（四）适应性原则

适应性原则是指在课程资源开发与利用的时候，能够全方位地考虑教学条件以及师资条件等，进而遵循适应性原则。如果高校在开发健美操课程资源的时候没能得到有效的开展和推广，就会导致资源的浪费。

（五）个性化的原则

由于我国地大物博，不同地区和不同民族之间的健美操课程资源开发利用存在着较大的差异，这就需要各个地区能够根据自身地区的实际特点和优势对健美操课程资源进行创新和完善，从而在高校健美操课程教学当中充分展现每一个地区区域的特色和优势，在教学中突出自己的个性。

四、高校健美操课程资源开发与利用现状

较其他发达国家而言，我国健美操运动还处于起步较晚的阶段，而且我国目前高校的健美操项目主要还是根据传统形式进行教学，因此很多课程资源仍是以引进为主。随着我国社会经济的不断发展，虽然带动了我国健美操运动的快速发展，但是当前高校健美操课程资源主要来源途径还是根据中国健美操协会中所推出的《大众健美操锻炼标准》。长时间都在运用这种较为单一和传统的形式，是不能有效提升教学质量的。虽然现阶段已经有很多高校以及教师都在开发新模式的健美操课程资源，但是在实际教学过程当中并没能取得有效的成果，还存在一定的问题。

首先是负责健美操课程资源开发的人员对工作不重视，缺乏创新精神和积极性，导致规范化的教育制度还未建立，工作只浮于表面，无法真正发挥作用。

其次就是健美操课程资源开发体系的不完善，其中最主要的原因是高校的教育制度已经与时代脱节，无法满足当今学生的发展需求，学校的管理理念比较落后，没有及时调整好内部健美操教师队伍的结构。此外，所

用的教材主要是中国健美操协会推出的《大众健美操锻炼标准》或教师自己编排的教学内容，来源比较单一，不仅打击了学生学习创造的积极性，还不利于高校健美操课程的开发与利用。

最后就是高校的教学任务安排不合理，学校的管理层为了加快本校的发展，会采用减少开支、节约师资力量的办法，这就导致许多健美操课程无法按时完成。不仅如此，多数高校仍实行应试教育的教学模式，考试的成绩作为学生的最终评估标准，在一定程度上阻碍了学生的多元化发展，进而直接影响到今后健美操课程资源的开发与利用。

上述问题都是直接影响高校健美操课程资源开发和利用的关键因素，如果处理不好，会严重影响后期健美操课程资源的进一步开发。

五、高校健美操课程资源开发与利用的解决措施

（一）构建与创新健美操课程资源开发模式

首先，高校健美操课程资源开发新模式当中包含着管理体系、师资力量安全等多个方面，若想构建完善的健美操课程资源开发模式则需要和高校内部进行有效的结合，针对高校中每一个部门的工作进行合理的划分，落实工作责任。

其次，我国社会健美操资源和高校健美操资源之间的差异性，能够为健美操课程资源开发新模式提供较大的发展空间，所以需要科学、合理地运用社会健美操资源和高校健美操资源之间的差异性，推动我国高校健美操课程资源的开发，促使社会健美操资源和高校健美操资源之间能够进行互补，确保健美操课程资源进行有效的互换。

最后，构建出全新的健美操教学考核机制，不再以学生的考试成绩作为学生最终的考核结果。

（二）优化健美操课程的教学内容

根据当前我国高校健美操实际教学情况来看，大部分健美操教师给学生讲解和传授的都属于社会健美操资源，导致学生在学习的过程当中产生迷茫等情绪，而导致学生对学习健美操失去兴趣。那么针对这一问题，我国高校应当优先进行健美操课程教学内容优化和整改，做到与时俱进，不再运用传统教学内容开展教学，与此同时，高校的健美操教师应当对教学课程有着明确的整体规划，选取一些学生感兴趣的教学内容进行教学，还可以让学生在学习的过程当中进行自主讨论，以此来满足于学生的需求。

（三）加大健美操课程的师资力量

在高校健美操课程资源开发新模式的过程当中，教师有着非常重要的作用。而且在教学过程当中一些教学经验丰富、知识渊博的教师会受到学生的喜爱，这类教师不仅能够有效地激发学生学习兴趣，还能让学生在学习过程中感受到健美操的魅力。

与此同时，高校还应当加大对教师的招聘和培训工作，促使教师在交流合作的过程当中充分展开有关健美操课程资源的交流，以此来不断提升教师的自身综合素质，增强健美操课程的师资力量。

综上所述，如今在我国高校健美操课程资源开发新模式的过程当中，应当充分落实以学生为本的教学理念，促使高校在实际教学过程当中做好本分工作，不断创新和完善健美操课程资源开发模式，构建完善的教育机制，不断提升我国高校教学质量以及学生的综合素质，促使我国教育事业能够长期、稳定地发展。

第三章 高校健美操教学对学生能力培养研究

第一节 高校健美操教学对学生表现能力的培养

一、健美操表现力的概念

健美操表现力指表演者借助有氧呼吸和舞蹈表演形态，将健美操的内在精神和外在动作规格融合在一起营造美的意境的能力。健美操的表现力是表演者对音乐韵律、健美操表演艺术的把握和领悟能力的体现，它具有塑造形象、保持健康、表达情感的功能，也是增强健美操的吸引力、观赏性和感染力的关键。因此，在高校健美操教学中，许多教师对学生健美操表现力的培养给予了高度关注。

通常来说，在高校健美操教学中，培养学生表现力的方法有以下几种：第一，从动作和表情等基础内容开始，培养学生的动作舒展度、节奏感和音乐掌控能力；第二，借助多媒体播放专业健美操运动员的表演视频，让学生通过视听刺激感受运动员和健美操运动的表现力，激发学生的学习热情；第三，让学生欣赏与教学有关的比赛并开展相关的活动，将学生的表现录制下来，通过录像找出学生的不足之处，开展强化训练，促使学生提升自我。

在高校体育教学中，健美操已经成为一个热门课程。在教学过程中，经常可以发现，许多学生虽然在健美操学习上有着很高的热情，但是动作缺少表现力。许多学生在健美操表演中不仅表情呆板，而且动作不协调、动作展示不充分，健美操严重缺乏表现力，这一问题也引起了许多教师的关注。

二、高校健美操教学中学生表现力培养的价值分析

随着素质教育进程的不断推进，体育项目逐渐增多，学生也有了多元的选择。但健美操教学，有别于传统的体育项目，实现了艺术与体育的完

美融合。健美操运动集合了音乐、舞蹈和体育等相关元素，在开展教学的过程中培养学生的表现力具有积极意义。在健美操教学中重点关注对学生表现力的培养，其所能够展现出的价值具体有如下两点：

（一）增强学生对体育学习的自信

体育学习的过程，实际上是学生自我成长的过程。健美操教学中强调对学生表现力的培养，能够使得学生在这样的氛围中树立学习自信，对体育学习充满兴趣，达到良好的体育锻炼效果。

（二）达到锻炼身体素质的目的

健美操教学中对学生表现力的培养，要将关注的焦点放在身体素质的锻炼上，学生的表现力逐渐提升，身体素质也将得到全面改善。不可否认，健美操教学中对学生表现力的培养，对学生的健康成长具有积极意义。

三、高校健美操教学中影响学生表现力的因素

（一）学生自身素质因素

（1）身体素质。健美操教学对学生的柔韧性、力量、协调性等方面有着严格的要求，只有学生具备这几项素质，才能够使得健美操教学发挥出应有的效用，增强学生的表现力。但当前大部分学生身体素质状况不理想，存在诸多问题，无法将健美操的表现力展现出来。

（2）性格与气质。每一个学生都有其独特的个性特征，学生自身的性格与气质，决定了表现力培养的效果。究其原因，健美操运动强调外在表现与内在气质的完美融合。但对于一些内向的学生而言，表现力的培养面临困境。

（3）音乐与舞蹈基础修养。音乐和舞蹈是健美操的灵魂，也是展现其表现力的关键要素。学生的音乐和舞蹈基础修养，影响外在表现力的培养。

（4）面部表情。面部表情是构成表现力的核心要素之一。学生在健美操运动中的面部表情控制，是衡量表现力的一个关键因素。通常情况下，结合健美操运动来说，学生的一个表情、一个微笑，都关系到表现力的形成。从学生的自身素质层面着手，需要完成对学生表现力的系统分析。

（二）教师因素

由于教师对健美操教学表现力培养理解不充分，造成表现力培养陷入困境之中，细化分析，可从以下几个方面着手。

（1）教师对健美操动作的编排。健美操教学过程中，教师是引导者和创编者。现有的部分健美操运动成套动作，很难适应学生的学习要求，也无法直接应用到健美操教学表现力培养上面。这就对教师对健美操动作的编排能力提出了考验，如何做好内容的编排，成为重中之重。每一个学生都有其鲜明的自身特点，保证健美操动作的针对性，能够激活每一个学生的表现力，但从实际情况来看，教师对健美操的编排能力不足，影响了健美操表现力的培养效果。

（2）教师对音乐和服饰的选择。健美操运动中，音乐是其中的重要组成部分，并且服装的选择同样是强化表现力的重要一环。但当前大部分的教师，课堂上对健美操的音乐和服饰选择过于随意，造成表现力很难得到充分展现。

（3）教师的艺术修养。健美操的艺术独特性，决定了健美操这项运动的艺术修养。教师对于健美操艺术的理解，会直接影响学生对健美操运动的感知。

（三）基础设施因素

健美操教学中表现力的培养，对场地和器械方面有着严格的要求。但当前部分学校在场地和器械方面并不完善，很难为广大学生提供一个健美操运动发展的良好空间，也在一定程度上限制了健美操教学的有效性。归根结底，在杂乱无章、噪音不断的场地下，学生的表现力将受到影响。由此可见，保持基础设施的健全和完善，是健美操教学中表现力培养的关键所在。

（四）教学方式和教学评价存在不足因素

健美操是一项追求人体健与美的运动项目，健美操不同于传统的体育项目，它有专门的舞蹈伴奏，在动作编排和训练方面具有一定的灵活性。教师能否通过多级、多维教学手法，培养学生的学习兴趣和表现力尤其重要。目前，高校健美操教学最常用的教学手法有多媒体教学法、合作教学法等，这两种教学法虽然在教学上都有其优势，但是它们更多关注学生对健美操知识、技能的掌握情况，远不能满足"创造适合个体的教育"的需求，这也使得学生在学习中很难将自己完全展现出来，学生的表现力形成和提高也受到影响。教学评价是教学的有益补充，高校健美操教学素来以知识和技能评价为主，尚未摆脱应试教育思想的束缚。虽然过程性评价这种科学的评价方式已经被运用到健美操教学评价中来，但是，健美操教学过程评价还未达到全面尊重学生个性、从不同角度关注学生的学习过程的高度。此外，有些高校在健美操教学评价上完全就是大搞"统一标准""一刀切"，学生之间的横向比较较多，学生自身的纵向比较、个人表现力不受关注，这必将影响学生的健美操水平和表现力。

四、高校健美操教学中对学生表现力的培养策略

（一）做好学生专项素质训练

健美操教学中对学生表现力的培养，需对学生的综合素质有着严格的要求。以力量素质为例，健美操对学生的力量素质有着严格的要求，作为"力"与"美"的结合体，力量素质的提升至关重要。在开展素质训练的过程中，可以通过专项力量的训练，使得学生的体质状况得以改善，以强化力量素质的方式展现出健美操的魅力。同时，在柔韧性和协调性的训练方面，可以借助一些柔韧性的训练方法，让学生可以展现更多健美操动作，突出健美操运动的表现力。例如，在开展柔韧性训练的过程中，由于健美操的自身特点，肩部、腿部和腰部等主要部位的柔韧性，是健美操表现力展现的关键部位。这几个部位的柔韧性训练，能够最大限度地将学生的表现力展现出来。为此，柔韧性训练的过程中应避免枯燥的训练模式，还需要结合一些趣味性的训练方式和方法，调动学生参与训练的积极性。为使得学生的专项素质训练发挥效用，通过上述方式做好各个环节的训练优化，最终让学生参与到健美操运动中，感受其中的魅力，培养学学生的表现力。

（二）开展个性化教学

开展个性化教学，对健美操教学中表现力的增强具有积极意义。为此，教师要设置个性化的教学流程，强化学生的健美操表现力。

首先，在教学目标制定上。教师要结合学生的实际情况，制定明确的教学目标。例如，建立层次性的教学目标，使得围绕健美操的每一项内容都可以成为学生成长的关键点，让每一个学生都感受到别样的魅力。加深对健美操运动的深度理解，才能在教学上取得一定的优势，将其内在的表

现力充分展现出来。

其次，在教学方法上。有别于传统的示范＋模仿的方式，为了突出健美操的表现力，教师可以借助多媒体设备，将健美操的美感充分展现出来，以表演者的直观表现力，增强学生的感知和理解，从而对表现力有一个深刻的认知。

再次，在教学内容方面。健美操教学要以学生为核心，作为音乐、舞蹈和体育的综合体，教师要结合学生的实际情况做好健美操内容的创编，确保内容符合学生的实际情况。只有学生对健美操教学感兴趣，才能够积极地投身其中，将健美操的表现力充分展现出来。

最后，在开展教学评价层面。教师要根据教学目标的不同，制定差异化的教学评价策略，准确地得出学生的评价情况，方便后续教学方法的优化和创新。个性化教学方法的构建和形成，核心是高度关注学生的个体差异和个性化需求，有针对性地提出可行性方案，最终确保教学的有序展开，使得学生在健美操的学习中展现出表现力。

(三) 重视学生表现力性格的养成

学生的性格可以说是天生的，但也可以通过后天来达到优化。想要优化学生的性格，其他方法似乎无法发挥效用，但健美操对学生的性格优化具有积极作用。学生不同性格上的差异，使得其所展现出的表现力也各有不同。为了妥善的解决这一问题，要在开展健美操教学的过程中，重视学生表现力性格的养成，只有这样，教学才能更有效。在开展健美操教学的过程中，教师要对每一个学生有所了解。通过简单的沟通就可以发现学生性格的内向与外向。外向性格的学生，通常更愿意去表现自己，在健美操的学习过程中参与积极性更高，效果也更理想。对于这一类性格的学生，教师并不需要对其进行刻意的训练，简单的训练即可达成目标。重点应该放在内向型的学生身上，对于这一类学生，要做好健美操教学的表现力训练。例如，在教学实践中，赋予这一群体更多的探索与尝试的机会，更广阔的参与空间，以此来更好地感受健美操的魅力。可以定期组织相关的健美操活动，以小组的方式激发这一群体的参与积极性，强化和锻炼这一群体的心理素质，从而使其更愿意去表现自我、去提升自我、去展示自我，最终形成参与的热情，才能够确保训练目标的达成。将关注的焦点放在学生表现力性格的养成上，对突出健美操的表现力具有不可替代的作用。

（四）提升教师自身专业素养

教师作为健美操教学的主导者，只有不断地提升教师的专业素养，才能确保训练效果得以展现。一方面，教师需要充分了解每一位学生的特点，并具备较强的健美操创编能力，从而在实践中展现健美操的魅力。当然，教师还需要在音乐和服饰方面有明确的理解，意识到这些健美操的要素对健美操表现力的价值。只有教师具备扎实的基本功和较强的创新意识，才能够在实践中把握基本方向，为学生的表现力提升打下坚实基础。另一方面，学校要为教师提供广阔的学习平台。在校内可以定期开展相关的讲座，对健美操的表现力展开系统的剖析，让教师在思想上提高重视程度，使得健美操的价值得以充分展现。同时，教师还要抓住外出学习的机会，将先进的健美操表现力教学理念带回来。只有这样，才能提升教学的专业素养，为健美操教学中学生表现力的培养提供更多的思路与空间。

（五）创新教学方法，完善教学评价

体育是高校课程体系中开放性较强的一门学科，想要彰显健美操独特的健、力、美特性，提高学生的表现力，高校必须以教学大纲为出发点，结合学生实际能力水平，进行健美操教学目标和阶段性教学目标设计，并明确健美操教学程序、方法以及手段等，完善教学大纲设计，对教学内容进行合理安排，为健美操教学打好基础。高校健美操教师要响应体育教学改革要求，创新健美操教学方法，从认知、技能和情感三个方面着手，明确健美操教学目标，更新健美操教学内容，将健美操教学从落伍的动作套路和自编操中解放出来，搜集更多的健美操教学信息，在培养学生对健美操的兴趣和爱好的同时，培养学生的终身锻炼习惯和创新能力，并将示范法、讲解法、多媒体教学等教学手法融合起来，实现教学方法的多元化，提高教学的针对性。

在教学评价方面，构建完善的教学评价体系，实施多元化、多维度的评价方法，全方位关注学生的学习和与之相关的因素，如就学生的个性特长、进步情况和闪光点等给予关注，争取通过教学评价科学反映学生的学习情况和教学效果，并通过教学评价反馈和激励方式树立学生学好健美操的信心，促使学生在原有基础上不断提高。

（六）完善健美操基础设施条件，提高教学能力

高校要加大体育教学投入，提高健美操教学场地、设施水平并根据大

学生兴趣爱好，增设更多的体育选修课程，选择合适的健美操教材和合理的教学方法来教学。高校健美操教师则要围绕健美操教学，加强理论知识学习，通过自主学习、课题研究等方式深化对健美操运动的理解，了解健美操运动的最新发展特点。根据大学生兴趣和身体特点，将街舞、搏击等新型运动元素融合到健美操教学中去，同时在教学中突出健美操表现力培养，渗透音乐、舞蹈因素，并采用新颖有趣的教学手法来教学，以增强教学的表现力、感染力和说服力。

总之，健美操教学中对学生表现力的培养策略，需要把握教学侧重点，明确教学目标与要求，从多层面着手，为学生充分展现健美操的"美"，实现学生自我健康成长。

第二节　高校健美操教学对学生审美能力的培养

一、健美操的美学基础

（一）健美操与美学

美学的原名 Aesthetics 或 Esthetics 源于希腊文，意思是"感觉、感兴趣、感性的"。美学作为一门独立的学科，其形成经历了一个相当长的历史发展过程。美学作为人类审美意识的理论形态，是在人类审美意识和理论思维有了相当程度发展之后才逐步形成的，而其学科的确立，则是在科学的世界观即马克思主义哲学诞生以后才开始的。关于美学的概念，不同的学者有不同的看法，至今尚无定论。有人概括了众学者的观点概括起来认为：美学是一门主要研究美和人的审美意识的学科。

美学是研究主体的人对客观世界的创造与审美关系（包括自然美、社会美和艺术美）的学科。健美操是研究人对健美操动作的创造和审美关系的学科，研究健美操的美学必须有扎实的美学理论基础，美学为研究健美操的美提供了丰富的理论支持和科学依据。所以健美操通常按照美的规律进行展现。健美操的目的是塑造理想的体质结构，这种理想的体质结构包含着人类征服自身生理极限、开发潜能、追求自由的崇高目的。当这种目的按照已掌握的规律去实践时，这本身就是一种创造的过程。它是规律性与目的性的统一，表现为完美的身体形态，并通过运动形式来实现。

（二）健美操与体育美学

体育美学是把美学基础原理应用到体育教学和体育运动之中而产生的一种交叉性的应用学科，是研究体育运动中美的产生、发展过程和规律，探讨人们在体育运动中如何欣赏美、创造美的新兴学科。随着人们物质文化生活水平的不断提高，人们追求高度文明的精神生活，因此体育中不断渗入艺术因素，一些古老的传统项目也日益艺术化。为了满足对体育活动日益增长的审美需要，能像欣赏文艺节目一样欣赏竞技表演和竞赛，人们已新创了许多审美特征很强的项目，如艺术体操、冰上舞蹈、花样游泳以及深受广大学生喜爱的健美操等，为体育活动增添了动人的艺术魅力。美学便是在这种背景下渗透到体育学中，这种学科之间的渗透产生了一门新的学科，即体育美学——研究体育运动中的审美现象、总结体育运动中的审美规律的科学。

体育美学是体育自身发展需要的结果。体育作为一种文化活动，其目的是增强体质，提高运动技术水平，丰富人们的精神文化生活，陶冶情操，协调身心发展。它可以通过各种人体动作，展示多姿多彩的生动形象，表现人的健康美、力量美、青春美、形体美、心灵美等。健美操作为体育运动的一个项目，它是一种新兴娱乐、观赏型体育项目，目的是通过徒手、手持轻器械和利用专门器械的练习达到健身、健美和健心。健美操以健身美体为主要特点，它不仅强调"健"而且强调"美"，把体育与美融为一体，充分扩展和丰富了体育美的内涵。

（三）健美操与美学、体育美学的辩证关系

健美操运动可以使人健康，具有健美的身体；美学、体育美学则是提高人的鉴赏美及欣赏美的能力，促进人们对于健与美的自觉认识，不断提高人体健美方面的素质。健与美体现了人体的生理、心理的内在发展规律，贯穿于健美操运动、美学与体育美学活动之中，三者是辩证统一、协调发展的关系。美学、体育美学为健美操的产生与发展，以及健美操美感、美的设计提供了理论基础，促进着健美操的进一步发展。反过来，健美操又在不断丰富和完善美学与体育美学的实践和理论。

1. 健美操的产生与发展，是人们追求健与美的必然结果

健美操的产生与发展是一个渐进的过程，它起源于人类对人体健与美的追求，健美操的发展史与人类审美观的形成是密切相关的。

在人类的童年——原始社会，人们为了交流情感，在语言、音乐、诗

歌之前，首先产生了动作。为了表达思想，人类开始把简单的动作组编在一起，按照一定的节奏、一套固定的程序，边操边舞，其动作形式就是健美操的雏形。

早在两千多年前古代中国、希腊、印度的体操就已出现。中国古代的导引图上，彩绘着 44 个不同性别、年龄，栩栩如生的人物，他们做着各种各样的导引形象，采用站立、蹲、坐等基本姿势，做着臂屈伸、弓步、转体跳跃等动作，与当今的健美操动作相仿。三国时的名医华佗，曾把各个导引动作改编为虎、鹿、熊、猿、鸟五组动作，称为"五禽戏"。这是我国早期具有民族特色的人体健美体操的套路。

古希腊人对人体健美的崇尚是世界上罕见的。为了应对战争，人们需要具备并造就强健的身体，古希腊人喜爱采用跑、跳、投掷、柔软体操和健身舞蹈等各种体育项目进行人体美的锻炼。他们提出了"体操锻炼身体，音乐陶冶精神"的主张，这种对人体健美的崇尚与追求，将体操与音乐相结合的创举，是现代健美操形成与发展的基础。

古印度很早就流行一种瑜伽术，它把姿势、呼吸和意念紧密结合起来，通过调身、调息、调心等方式运用意识对机体进行自我调节，健美身心，延年益寿。人们巧妙地把瑜伽的精华与现代音乐结合起来，创编出瑜伽健美操，为健美操的发展提供了宝贵的经验。

总之，古代中国的导引、古希腊的柔软体操、古印度的瑜伽以及美国影星出于对身体美的一种追求而创编的健美操等，为形成现代健美操奠定了坚实的基础。由此可以看出，从古代到近代，从外国到中国，健美操的产生与发展无不是人们对健康长寿与美好生活的追求，这些正是美学、体育美学所追求和倡导的。

2. 健美操在不断丰富和实践着美学、体育美学的理论

从健美操产生的过程来看，健美操的发展是在自觉与不自觉的过程中遵循着美学与体育美学的原理。正是因为健美操在发展和创新中充分考虑到它的观赏价值，考虑到艺术性，考虑到美，运动者才在健美操表演或竞赛中，强调实现造型美、体态运动美、意志个性美，或优雅或刚健，或缥缈或深沉。对和谐与节奏的追求，自然就要求优美的旋律，音乐也因此成为健美操具有美的内在联系的因素。

但是，健美操美的形成与发展又有其自身独特的规律，其技术的发展、规则的演变是在美学、体育美学的原理基础上随着人们的审美需求而发展的。它是运动员形与神的统一，集体育、音乐、服饰等多种美学于一体，有利于进一步探讨人生的美、生活的美，以及新的美的存在和表现方

式。有人说："越是现代的项目，观看和参与的人就越多。"这也正说明现代的项目更能体现人们对新的美的追求，在这一点上健美操正丰富和发展着美学、体育美学的理论。

（1）健美操引领着人们对"健康美"的追求。

健康美，是当今社会人们的时尚追求，人们不仅强调健康，更强调在身体健康的基础上，追求良好的精神状态，它比一般意义上的身体健康有了更高的目标和追求，也是国际上人们追求"三维"、"五维"等多维健康观的具体体现。健美操能通过它特有的练习内容和方法来实现健康美这一目标。健美操的练习内容，不仅能使身体各部位关节、韧带、肌肉得到锻炼，提高肌肉的弹性和关节的灵活性，而且对于形成正确的身体姿势，纠正不良姿态，培养良好风度、气质有重要作用。健美操还能有效地提高人体的有氧代谢功能，增强各器官系统的功能，提高身体素质，使人精神饱满愉快，使人的外形美与内在美融为一体，展现出一个人的勃勃生气和良好的气质风度。

（2）从发展的角度健美操更新着"形体美"的标准。

传统的形体美主要是指人体外形的匀称、和谐、健美，它只重视了人们外在的"形"的美，而忽视了人们对内在"神"的美的追求。目前，在我国存在着一些错误的形体美观念，认为越瘦越好，尤其对女性更甚，追求的是"纯粹的瘦"，而忽视了身心健康。健美操运动员以其刚健有力、结实、匀称、协调的肌肉和体形改变着人们对形体美新的认识和追求。通过健美操练习，可以塑造人们新的"形体美"观，可使身体各部分的肌肉更加发达、脂肪减少、线条清晰，肌肉的协调性、灵活性更好，动作优美动人。健美操动作具有"健、力、美"特征，健美操可使中小学生形成正确的身体姿势，使大学生动作优美、体态矫健、肌肉富有弹性，使人们身体匀称、和谐、健美，，从而塑造美的形体，将理想形体的追求化为现实。

（3）健美操赋予"心灵美"更多新的内涵。

心灵美是指一个人对人体美的认识理解、动机目的、鉴赏标准及锻炼方法的选择等。健美操有助于人们实现心灵美的追求，健美操锻炼在音乐伴奏下进行，在欢乐的乐曲声中使人们忘掉苦闷和忧伤，恢复已失衡的心理，调剂人们的思想情感。更重要的是，追求美的最高境界，不仅仅欣赏美、感受美，而是"创造美"。健美操能以运动员或运动者本人激情的表演、矫健身体的展示、人与音乐的和谐美激发人们创造美的激情。从而，进一步促进人们在生活中创造美的意识和行为习惯的提升。

　　总之，健美操、美学、体育美学三者相互促进，相互发展，共同满足了人们追求美好生活的需要。美学是人们在与美的事物接触过程中产生的经验总结。美学的对象是客观现实事物的美，美学的中心任务是通过对客观现实美的研究，掌握美的法则，欣赏一切事物的美，并按照美的法则创造艺术的美。健美操是人们追求美的一种运动形式。随着健美操的兴起以及运动技术水平的迅速提高，其技术动作特点朝着"难、新、美"的方向发展，从而形成了健美操的美，成为体育运动美的高级形式之一。

二、健美操审美体验与美育功能

　　健美操审美体验和美育功能二者是相互联系、相互影响、相互交融、相互渗透、互为手段、互为目的的辩证关系。健美操审美体验是在美育功能的基础上得以扩展和深化的，美育功能不能脱离健美操审美体验而独立实现。研究健美操审美体验和美育功能之间的关系，有助于我们更好地解读健美操运动的科学和人文内涵，把握健美操运动的审美价值，从而不断提升审美价值。

（一）健美操审美体验是实现健美操美育功能的源泉

　　美育功能不能脱离健美操审美体验而独立实现。健美操运动项目本身的美不以欣赏者的主观意志而改变，它的美是客观存在的，人们对健美操这一客观存在的美的事物的感受就是健美操的审美体验。健美操的审美体验是通过具体可感的运动形象来认识美、感受美、创造美的，从而实现健美操的美育功能，这与一般性的体验有很大区别。一般性的体验更多的是经验的、感性的，但我们对健美操美的认识不能只停留于此，而应当通过亲身体验，感受运动的自然与协调，发现运动的流动感、力量感和生命感，才能既认同健美操美的以往经验、理论，又认识健美操新的美。在欣赏、羡慕、向往、实践的连锁式的心理反应过程中，领略到美的奥妙，感悟到美的真谛。

　　只有亲身参与到健美操运动或对健美操运动的欣赏活动当中，我们对健美操美的体验才会更深，对健美操美的认识也就会越深。因此，对健美操美的体验是认识美、创造美的关键，体验越深，认识美、创造美的能力越强。在健美操的审美活动中，产生的审美体验，可能只在脑海中一闪而过，稍纵即逝，未曾留下多少痕迹；也可能作为新的信息储存在脑海中，在以后的生活中被重新唤起，不时回味。在这两种情况下，健美操审美体验都只是蕴藏在内心世界，并未外化。但是，在健美操审美过程中获得的体验也可以作为新的审美经验积累起来，从而提高人的审美能力，从而在生活中调整自己的实践活动，按照美的规律来行动和创造。例如，人们通过观看一场精彩的健美操表演，会唤起心里自己的曾经体验过的感情，在唤起这种感情之后，就可能会通过自己的动作、线条、色彩以及声音等来传达出这种感情，这样我们在按照"美的规律"进行健美操创编或表演的过程中，就会不断渗透、融入自己的审美体验，使别人也能体验到这样的感情，而且健美操的审美价值也会更高一层。因此，审美体验可以外化为审美创造，从而间接提高健美操的美育功能。我们应善于发现并充分利用美学因素，亲身体验和感受健美操运动的美，并在感受过程中逐渐适应健美操的对称、均衡、节奏、韵律、和谐的美学特征，努力培养审美意识，开发想象力和创造力，培养审美能力。

（二）健美操美育功能又反作用于健美操审美体验

健美操美育功能对健美操审美体验的作用不是消极被动的，而是积极主动的。要想获得审美体验，必须先参与到健美操的审美实践中，并通过健美操运动中的美育功能来检验健美操审美体验的程度。众所周知，健美操是一项人体语言的艺术，它在各种人体动作中突出其自身"健、力、美"的特点，充分展示多姿多彩的观赏性；而健美操美育功能在对自然动作的美化中，将和谐优美的身体动作配合节奏表现出来，塑造出具有对称、均衡、节奏、韵律、和谐美学特征的健美操动作组合，完美地体现健美操运动的刚与柔、动与静、身与心、健与美的和谐，人们正是以此获得满足和享受，领略健美操的审美体验。并且，健美操中的美育功能所反映的是人类内心世界的活动（即心灵教育），并通过形象具体的外在动作将人们的美好情感以及崇高的理想尽情地展现出来；同时，健美操所表现出的人体美是自然全面的、多样和谐的，正是由于它所展示出的千姿百态的"人体语言"，强烈震撼着每个参与者和欣赏者的心灵，使他们感悟到美的真谛，进而获得绝妙的、完美的审美体验，从而促进了健美操审美体验的扩展与深化。

健美操审美体验与美育功能是一种相互作用、相互制约、相互促进的辩证统一关系，两者的矛盾运动推动着健美操运动向着更高层次发展，其教育性、艺术性和观赏性价值也就越来越大。

三、高校健美操教学中美学渗透的表现

(一) 形体美

健美操中对运动员的体形及体态有一定的要求，健美操运动员体形匀称，体态优美，给人一种美的视觉感受。这种美，一种是先天遗传形成的，另一种是通过后天锻炼形成的。学生通过健美操运动可以达到减肥、强身健体的目的，从而塑造美的体形及体型，能够增强自信，形成健康的心理，提升自己的综合素质。

(二) 音乐美

在健美操的教学过程中，音乐是必不可少的因素。音乐形式可优美，可澎湃。学生随着音乐翩翩起舞，给人一种视觉和听觉的双重美的享受。在音乐的节奏下，健美操以其丰富的艺术表现力，提升学生的审美情趣，增强学生的审美能力。如果没有音乐，仅是单调枯燥的表现形式，健美操不仅失去了其艺术魅力，还使学生失去了对健美操的兴趣，不利于学生审美能力的提升。

(三) 表现美

健美操本身就是一种美的艺术的展现。随着音乐，学生进行健美操运动，展现形体美及舞蹈美，同时，学生积极向上、自信乐观的态度通过形体及面部表情表现出来。这不仅提升了健美操的艺术感染力，还展现出学生的气质美，将学生健康向上、积极自信的精神面貌传递给观众，提升了学生及观众的审美情趣，也有利于学生的综合素质发展，进而了提升学生的品德美，促进积极向上的生活习惯的养成。

(四) 创意编排美

健美操的动作编排也是教学的一项内容。教师与学生通过对健美操动作进行创意及编排，使健美操动作更具有艺术性及美感。一场完美的健美操表演，不仅需要健美操及学生的艺术性展现，健美操动作的创意性及优美性也是重要的表现因素。观众观看健美操表演，感受动作的美感，提升自己的审美情趣；学生对健美操动作进行编排，感受创意美，提升自己的审美能力，从而促进学生的全面发展。

四、高校健美操教学中学生审美能力培养的价值分析

首先，在健美操教学中，学生能够放松身心，躯干正直，重心保持向上，有助于塑造良好的姿态和体形。这样的姿态可以保证健美操动作的舒展，保持身体的爆发力与活力。在姿态造型方面，健美操呈现的是动作的曲线性与多面性，体现人的情趣与运动美感。健美操运动含有复杂多变的动作，能提升肢体的敏捷度与轻巧度。健美操运动将人体作为主要对象，运动主体利用自身的力量使其自我塑造得以实现。

其次，健美操教学将美学理论作为重要依据，追求人体动作的造型美，在健美操各式各样的动作中对运动的动作美进行展现。在动作组合的不断变化中，对力量的瞬间控制就显得更加重要，而健美操能提升大学生动作的力量性。健美操教学能使学生充分展现自我的力量美，使学生获得富有感染力与表现力的震撼体验。此外，健美操运动所使用的奔放、节奏明快的曲目，要求每一个动作与音乐节奏、节拍相协调，能够培养学生的动作节奏感。

最后，在健美操教学中，学生独有的运动气质美得以展现。健美操运动在塑造学生外形美的同时，也能够提升其气质。健美操运动能促进大学生的身心健康发展，使其充满自信，进而展现出朝气蓬勃的精神。

五、高校健美操教学中对学生审美能力的培养途径

审美能力一般包括审美鉴赏力、审美感受力及审美创造力，其中，感受层通常是摄取形式上的美感，鉴赏层与创造层则是对内容美进行重点鉴赏与改造。审美教育的根本任务在于培养学生的审美感受力，这也是对学生审美能力进行评价的主要因素。在健美操教学中，学生可以利用那些可感的、具体的运动形象来领略美的奥妙和真谛，进而提高自身的审美能力。

（一）通过健美操教师美的姿态与动作影响学生

健美操教师要重视自身的仪表、体态与举止神情，强调教态美，为学生展现人体美的形象。在健美操教学中，教师要向学生传递美的思想、美的情感，展示美的动作，并教会学生如何利用表情与动作将其展现出来，使学生在进行动作练习时获得美的启迪与教育。

一方面，教师要对学生姿态美与动作美进行培养，首先要做到优美、准确、富有感染力的演绎示范，将美的理念形象化，激发学生的审美情

趣，使学生产生美的感受，提升其审美能力。

另一方面，教师要将动作要领正确、清晰地讲解出来，在用词上要力求形象规范、生动正确，引导学生正确地观察动作。此外，还要采用正误对比的方式，以便加深学生对动作的理解，从而正确掌握完成动作的方法。

（二）通过音乐辅助培养学生的乐感与节奏感

音乐存在于健美操教学的始终，是其灵魂所在，能够烘托主题，渲染气氛。乐感是学生完成健美操动作的主要因素，如果学生没有乐感，就会导致看、健美操动作缺乏节奏感。一些必要的练习能培养学生的美感、节奏感与韵律感，在动作练习过程中激发学生的表现力与内在情感，提升学生的音乐鉴赏能力，进而使音乐美感和动作美感达到完美的统一。

（三）对学生的行为美与心灵美进行培养

体育活动中的行为美与心灵美存在密切的联系，行为美与心灵美都是内在的性格、品质等展现出来的美感。健美操教师爱岗敬业、与人为善、无私奉献的作风，以及自身的言传身教能直接影响学生的行为与心灵，队培养学生的行为美与心灵美有重要作用。

健美操教学中蕴含着诸多美学元素，教师能将欣赏美、感受美与创造美的可能提供给学生，同时还能帮助学生在美的力量的引导下，树立正确的审美观，进而促进学生审美能力的提高及其全面发展。

第三节　高校健美操教学对学生创新能力的培养

一、高校健美操教学对学生创新能力的培养作用

健美操是一项集体操、舞蹈、音乐、健身、娱乐于一体的体育项目，具有强身健体、减肥瘦身的突出功效，因其适合不同年龄、不同性别的人群参与，因而具有明显的普遍适应性特征，是当下全民健身运动中最为热门的运动项目之一。由于其参与群体庞大，导致对健美操运动技能的发展需求较为强烈，因而，为学生的自主创新提供了广阔的发展平台。因此，健美操教学对学生的创新能力的培养具有一定作用。具体表现在以下两个方面。

第一，通过高校健美操教学系统、精准的培养，提高了大学生健美操

的综合素养，使其具备了在大众健美操领域开展自主创新的基础能力。

第二，有助于引导学生了解大众健美操参与者的发展需求，采用多元化的手段给予必要的支持与帮助，这对于学生创新能力的培养，具有重要的促进作用。例如，在疫情期间，高校健美操教学团队充分利用线上平台，组织学生根据大众健美操运动的特点，制作了适合"宅家"练习的健美操微视频，并上传到网络平台，吸引"宅家"的网民开展健美操学习活动，深受广大网民的欢迎。不仅有效地解决了疫情期间网民健身的问题，也培养了学生的创新能力。

二、高校健美操教学中学生创新能力的培养路径

（一）在健美操教学中深化创新能力培养教学理念

一直以来健美操在高校当中都是非常受学生喜爱的体育课程，选修健美操课程的学生数量比较多。但是在健美操教学当中经常出现学生由最初的兴致勃勃到后期兴趣消磨殆尽的现象，上课的状态不积极，这主要是由于健美操教学的形式比较单一，教学内容也比较少，课程没有创新。因而要在健美操教学当中培养学生创新能力，首要任务是要将能力培养的教学理念进行落实，对原有的教学理念进行创新。

教师在进行课堂教学时，要将学生作为课堂的中心主体，要了解学生选择学习健美操的原因和需求是什么，从而找到合适的角度去引导学生，从学生需求角度进行切入，贯彻落实创新能力培养的教育理念，在满足学生学习需求的同时达到强化学生创新意识的目的。例如，有的学生学习健美操是为了塑造良好的身体体形，可以从学生这一学习需求进行切入，学生想要美化身形，这就是创新的一个点，教师就可以对此进行强化，从而培养学生创新能力。

（二）强化实践教学，培养创新能力

在传统的健美操教学当中，每一一年健美操的课程都是相同的内容，教师的教学方式也是相同的，没有新鲜的元素加入，学生学习的积极性和兴趣就会逐渐消失殆尽。因而教师要在教学内容上进行调整，采用现阶段比较流行的音乐或舞蹈动作进行编排，更新健美操的教学内容，提高学生学习的兴趣，为创新能力培养做好铺垫。同时，还要强化实践教学，一般情况下健美操教学就是教师讲述、演示一遍动作，这样学生对健美操动作的掌握情况不是很好，需要进行调整。

首先，教师要将创新教育理念引入实践教学当中，可以播放一些健美操培训机构训练教学的视频，让学生学习健美操动作，也可以组织学生到健美操培训学校进行实地调查与学习。一方面，学生通过实地的观察可以了解健美操行业的特点和形式；另一方面，也可以学习健美操。通过实践教学学生可以初步转变思想，健美操不光是一门学科，更是一种行业，从而促进学生创新意识的形成。

其次，鼓励学生动手实践编舞。现今的健美操教师不仅仅要让学生的健美操能力得到充分的加强，也应当让学生的健美操编舞能力得到加强。培养学生的健美操编舞能力从某种程度上来说就是培养学生的创新能力。在实际的教学过程中，教师在引进新鲜教学元素的同时，要让学生进行自我编排舞蹈动作。将学生分成若干个小组，教师设定一个乐曲，让小组成员共同编创健美操的动作，也可以由教师提供几组健美操动作，让学生进行自由编创。在学生编舞的过程中，教师可以对所有的学生进行引导，让他们能够将自身的创新想象能力转变成舞蹈，这样他们每一个人都能充分发挥出自身的创新能力，学生的自主创新能力就得到了培养，学生学习健美操的积极性也会得到提高。

（三）采用多样化的教学方式，促进学生创新意识的增强

经济市场是多变的，健美操行业在经济市场当中逐渐受到人们的关注，越来越多的人选择学习健美操来丰富业余生活，或是达到锻炼身体和塑形的目的。在健美操教学当中想要贯彻落实创新的教育理念，需要对课堂教学的方式进行调整，要采用多样化的教学方式来促使学生创新意识的增强。教师要了解学生学习健美操创新的方向，具体来说，如果学生想在未来开一家健美操的培训学校，那么教师对这类学生的教学就应该注重提高学生健美操的教学能力，教师可以将这类学生作为小组学习的组长，带领组员进行健美操的练习，指导组员的动作，这样组长在组织成员学习健美操的同时，教学指导能力和组织能力都会得到提升。

当然健美操行业当中不仅仅有健美操培训学校这一种形式，还有产业研发、讲师等职业类型。如果学生是想要从事这类职业的创新，教师在进行教学的过程中就要注重学生创新思维和能力的提升，一个产业的研发最需要的就是创新意识，与众不同的思维能力才能创造出更加新颖的行业发展内容。因此，教师在课堂教学当中要给学生足够的发挥空间。首先，让学生有自由编排健美操的机会，并且在学生自由编排的时候提供一些参考内容，但是不要有太多的限制；其次，在学生自由创作后，教师与学生一

起进行分享；最后，由教师进行最终的点评，并给予一些指导，规范健美操的动作与形式。

（四）应用创新教育理念，改革考核模式

传统的高校健美操教学考核，主要是教师对每位学生的健美操动作进行单独的考核，这对于中规中矩的学生而言相对有利，因为他们只需要严格按照教师的示范动作进行排练就可以，而对于那些富有创新精神、敢于挑战新动作的学生而言是不利的。因此，本着培养学生创新能力的目的，高校必须要改革考核模式，建立多元化的考核体系，改变以往以期末考试为唯一考核标准的模式，将学生在课堂中的表现、健美操编排能力以及期末考试的成绩结合，最终形成对学生的考核。其中对学生创新能力的考核分数要占学生全部分数的 50% 以上。

总之，在健美操教学当中，不仅仅要通过学习健美操动作来提高学生的身体素质，还要通过对健美操的学习来促进学生创新能力的提升。现代经济多元化的发展趋势更加明显，健美操行业也日渐流行，因而教师要改变传统教学的思想，落实创新教育理念，对教学形式、内容等进行改革，培养学生的创新意识和能力，从而促使学生全方位综合发展。

第四章　高校健美操教学内容分析与实践创新研究

第一节　高校健美操教学内容分析

高校健美操的教学内容是教师和学生开展健美操教学活动的依据，是实现健美操教学的重要条件，它主要指为完成教学任务和教学目标而进行的各种理论知识学习和身体练习。依据上述思路，学校健美操的教学内容可包括以下三个部分。

一、理论部分

高校健美操教学需要了解一定的理论知识，具体分为以下几点。

（一）健美操概述

健美操概述在本书第一章已做详细介绍，在此不做赘述。

（二）健美操的创编

1. 健美操的创编要素

一般来说，无论是教学性的、表演性的或竞技性的健美操成套动作的编排，都应掌握以下几个要素：动作、舞蹈、音乐、空间和时间。

（1）动作要素。

任何一套健美操都是由单个动作所组成的，单个动作又是由人体的各关节、部位（头部、肩、胸部、腰部、髋部、上肢、下肢、手）及立、卧、撑等动作构成的。这些单个动作又源于徒手体操和艺术体操，它是构成单节操、组合动作或成套动作的基础，是编排成套动作的最主要要素。

徒手体操动作是健美操最基本的内容，它由头、颈、上肢、胸部、腰部下肢等部位的屈、伸、转、绕、举、摆、振等基本动作构成。只有正确地掌握徒手体操动作，才有可能协调、准确地完成健美操动作。

身体波浪动作是艺术体操的典型练习动作。此外，还有摆动、绕环、躯干的屈伸、平衡、转体、跳步、舞步及近似技巧动作等。艺术体操的徒手练习不仅能培养人们对动作的美感,而且能有效地增强身体素质,提高协调性,增加成套动作的难度价值。

(2)舞蹈要素。

健美操中的舞蹈动作吸收了迪斯科舞、爵士舞、现代舞、霹雳舞、民族舞等的动作要素。这些舞蹈中的上下肢、躯干、头颈和足踝动作,特别是髋部动作,给健美操增添了活力。健美操中的舞蹈动作是按照体操的特点和健美操的本身要求,运用这些舞蹈的外形姿态进行再创编,把体操和舞蹈融为一体,为锻炼身体的各部位而设计的。

(3)音乐要素。

在创编一套健美操动作时,离不开音乐这个要素。编排必须符合该套操所选择音乐的节奏和情绪,因为音乐对健美操来说,它绝不仅仅具有音响效果和节拍层次分明的作用。音乐表达了一定的思想情绪和意境,它能引起人们思想上的共鸣。在创编健美操时,音乐有助于确定该套健美操的风格,可以激发创编者的思维、想象,可以产生灵感。音乐是一套健美操的灵魂,如果抽掉这个灵魂,练习者做操时就会毫无生机和激情,也就失去了健美操的价值。

(4)空间要素。

空间要素主要表现在动作方向、路线和队形的变化及移动上。

①方向路线。

一套健美操成套动作中的单个动作必须用不同的方向路线将它们贯穿起来,具体表现为左右变化、高低起伏、前后移动,在场地上描绘出一幅绚丽多彩的图画。方向路线是不可缺少的重要空间要素,如果在创编时对方向路线考虑不周,方向单一,路线单调,那么即使单个动作再难、再美,成套动作也不会给人以美的感觉。

健美操动作方向的变化有上、下、左、右、前、后六个主要方向,以及前上、前下、左前、右前、后上、后下、左后、右后、左上、左下、右上、右下等12个中间方向。

②队形变化及移动。

队形变化及移动是集体健美操创编中不可缺少的空间要素。集体健美操共同完成某一个动作时必须通过某一个队形展现出来,这些队形和队形变化及移动构成了集体健美操独特的编排特点,是单人、混双项目没有的更富于变化、更美的一项艺术作品。

常用的队形有直线形、平行线形、弧线形、三角形、方形、菱形、

"V"字形、丁字形、箭头形等。队形移动有同方向移动、反方向移动、交叉移动、顺时针和逆时针移动及向心和离心移动等。

（5）时间要素。

创编一套健美操动作要求在一定的时间内完成所编的动作内容，即受一定时间制约。在编排健身性健美操动作或教学性动作和表演性动作时，其时间的选择比较灵活，可长可短，取决于内容多少、难易程度、选择音乐的长短及任务需要等。然而而在创编竞技性健美操成套动作时则受时间的限制。单人、混双和三人项目一套动作规定时间为 1 分 45 秒左右，前后仅有 5 秒的宽裕时间。所以，时间也是创编动作的要素之

2.健美操创编步骤

（1）创编前的准备。

创编前的准备包括：明确创编的目的、任务、要求；了解练习者多方面的信息（性别、年龄、身体状况、运动基础等）；了解锻炼时间、场地、器材设备等条件；学习有关创编健身健美操的文字和录像资料。

（2）制定总体方案。

在了解多方面情况的基础上，确定所编健美操的类别（健身性健美操中的哪一种）、风格（活泼或稳健、优美或刚劲等）、难度（大、中、小）、长度（若干个八拍）、速度（n拍/10s），设计健美操的结构顺序、主要动作类型（如头的屈、伸、转、绕、绕环）及高潮的安排等。在有了基本构思后选配剪接音乐，反过来音乐又可以启发编操者的构思，进而补充、修改总体方案。最后可通过总体方案表将构思归纳起来，以便从整体上检查总体构思的完备性和合理性，并以此为纲进行下一步的具体动作设计。

（3）编排与记录。

遵循健身性健美操创编的原则，按照总体方案逐节设计具体动作，并用速记或速写的方法记录下来。

（4）练习与调整。

按设计好的动作进行练习。在练习过程中进行多方面的检查，包括对运动量和强度的测试，对整套健美操结构顺序的合理性和艺术性的检查等。根据测试结果、练习者的反馈信息及创编者的观察研究，对健美操进行适当的修改调整。

（5）撰写文字说明与绘图。

此项工作是为了长期保留、教学、研究、出版、交流而进行的。文字说明应简明扼要，术语正确；绘图应形象逼真，方向清晰。记录时最好图文并用。

3. 健美操的创编原则

不论是竞技性健美操、健身性健美操还是表演性健美操，一般来说都要经过创编的过程。一套健美操能否达到预定的效果取决于创编者的水平和成套动作完成的质量。健美操的创编原则有如下几个方面：

（1）针对性原则。

健美操的内容繁多，表现的形式多种多样，创编者应针对不同的目的、任务、对象、年龄、性别、身体状态、运动水平、文化层次以及练习者的生理、心理、爱好和接受能力等特点，根据实际情况，有所侧重、有的放矢地进行健美操的创编，做到因人而异。

比如，在校大学生，文化素质高、接受能力强、体力充沛、精力旺盛，并具有较强的表现欲。因此，在创编大学生健美操时应注意选择健美大方、充满青春活力、体现时代特征、富有艺术性和趣味性的动作，以及能够充分展示大学生个性的代表性动作。动作应幅度大，力度强，速度稍快，运动负荷较大。最好配以明快动听、富有时代特征、节奏强劲的音乐。同时，在创编男大学生健美操时，要选择和设计能体现男子阳刚之气，能展示男子强壮体魄、刚劲有力、健美性强的动作和造型。在创编女大学生健美操时，注意编排舒展、优美、柔中有刚、刚柔相济、小关节活动较丰富、舞蹈性强的动作，以展示女子矫健的身姿，满足女性协调性较好的特点。同时，还要特别注意针对女性的特点，多编排发展腰、腹部肌肉力量的动作。

（2）目的性原则。

健美操创编应根据不同的目的进行编排，如为了参加竞技性健美操的比赛，则要求对比赛的规程、规则充分了解，并根据规程进行编排；如为了进行某种健美操的表演，则要考虑到表演的效果，包括服装、道具、背景等因素；如健身性的减肥操应以简单易学、重复性的有氧运动为主，达到消耗脂肪的目的；如果想塑造良好的身体形态，使身体匀称发展，就应根据练习者的形体特点，有针对性地设计动作，使其达到匀称、健美的形体；在创编预防脊柱侧弯的医疗保健操时，应多设计一些躯干动作，尤其是体侧屈、体转等动作，配以身体其他部位动作的全方位运动。通过不同套路的健美操练习、表演和比赛，达到不同的目的，这也是健美操的特点之一。

（3）科学性原则。

每套健美操动作的创编都应严格遵循人体的生理规律。健身性健美操每次运动的负荷应由小到大，动作由简到繁，强度由弱到强，逐步增加身体负荷。当达到和保持一定运动负荷后再逐步减小运动量，使心率变化由低到高，波浪式地逐渐上升，然后再逐渐恢复到平静状态，从而使心血管系统、呼吸系统、消化系统和内脏器官功能得到全面的改善和提高。

一般健身健美操的成套操是由热身运动、基本部分、垫上运动和放松整理四部分组成。第一部分为热身运动，包括深呼吸、踏步、伸展等，目的是为身体、生理、心理进入主体练习做好热身准备，同时了解音乐节奏、速度、风格，调适心理状态。第二部分为基本部分，是成套健美操的主要部分，一般先从远离人体的头或足开始，即头颈—上肢—肩—胸—躯干—下肢—全身—跳跃，由局部到整体，高潮到跳跃运动。第三部分是垫上运动，以练习躯干部位的动作为主，包括腰腹部，腰背部，大腿的前、后、内、外部位等。第四部分为整理放松动作，一般为踏步和全身放松调整。动作速度渐慢，伴以深呼吸，使心率逐渐恢复到正常状态。

（4）全面性原则。

人体是在大脑皮层统一调节下的有机整体。人体各部位之间、各器官系统的机能之间是互相联系、互相制约的。为了达到全面发展身体的目的，在创编成套健美操时，要尽可能充分地跳动整个机体参与运动，使身体各部位的肌肉、关节、韧带及内脏器官得到全面发展。成套健美操动作一般包括头、颈、肩、腰、髋、腹、背和上、下肢运动。值得注意的是，应重视编排健美操的不对称动作，不对称的动作包括左右的不对称、上肢与下肢的不对称、大关节与小关节的不对称等。不对称的动作有助于改善神经系统功能状况，有利于提高协调性和灵敏度，对全面发展身体有积极的促进作用。

（5）创新性原则。

创新教育是人才培养中的一个重要过程，创新教育包括创新意识、创新思维、创新能力以及创新个性等内容，同样，创新也是健美操的生命。没有创新就没有健美操的发展，因此，创新性是健美操创编的一项重要原则。健美操的创编者首先要了解国内外健美操发展的现状和趋势，深刻理解健美操精髓。然后，根据健美操的特点及编操的对象，创编出既有健身价值又有美学价值，既有观赏价值又有表演价值，新颖独特的健美操。健美操的创新应从多方面着手，在了解健美操基本要素的基础上，对健美操的动作进行创造性的编排，它包括方向的变化，身体的面的变化，动作路线的变化，对称与不对称动作的结合，长短、曲直的搭配，音乐的创新（包括特殊制作的效果音），动作连接的创新，以及队形路线变化的创新、难度的创新等。

(三) 健美操竞赛的组织与规则简介

1. 健美操竞赛的组织

健美操比赛的组织工作是健美操比赛顺利进行及达到预期效果的重要保障。竞赛组织工作的效率及组织能力直接影响比赛的质量和成效，影响参赛选手的发挥。竞赛组织工作类似于一项系统化工程，有它自身的系统框架：直属、分属机构，有它自身的系统结构：各个不同的组织部门，也有它的系统流程：赛前准备、比赛进行、赛后工作等阶段。

（1）赛前准备。

①召开主办单位筹备联席会议。

由主办单位或主要负责人召集有关单位及部门的相关人员筹备会议。会议的主要内容是协调并落实有关竞赛的具体事宜，包括确定承办单位和协办单位、经费来源、比赛日期、地点、规模等。成立竞赛筹备委员会，确定办公室成员，将任务分工落实到具体的人。

②制定竞赛规程。

竞赛规程是举办健美操比赛重要的指导性文件，是比赛筹备工作的依据，也是参赛单位、运动员、教练员及裁判员共同遵守的准则。竞赛规程一般由主办单位根据比赛的目的、任务和具体条件来制定，规程应简明、具体、准确，经主管部门审批，一般提前半年至少三个月发给各部门，以便参赛单位有充分的时间准备并安排好各项事宜。

③建立竞赛的组织机构。

为了使整个比赛的各项工作在严密的组织下顺利进行，需要根据比赛规模的大小成立相应的组织机构。通常由大会筹备委员会办公室召集主办单位负责同志，共同商定大会组织委员会成员的构成。组织委员会一般应有主办单位负责人、赞助单位负责人、承办单位和当地体委负责人、上级领导机关的代表和有关知名人士以及总裁判长。组织委员会一般设主任 1 人、副主任 1 人、委员若干人，它是比赛大会的最高领导机构。根据比赛规模决定成立几个部门，大规模或大型综合性比赛，部门会分得很细，中小型比赛可少设几个部门。

④领队和教练员会议。

领队和教练员会议是竞赛中的一项重要内容，是参赛队与大会裁判员沟通的主要途径之一，一般由组委会主持，各处负责人及裁判长参加。通常在赛前赛后各安排一次。

赛前领队、教练员会议主要内容包括：介绍比赛的准备情况；介绍大会主要部门的负责人和主要工作人员；宣布大会竞赛日程及有关规定；抽签排定比赛出场顺序；解答和解决参赛队提出的有关问题，如比赛安排、生活、规程及规则等方面。如果在规则和技术方面的问题较多，还会单独召开领队、教练员技术会议，由裁判长详细解答。如果时间允许，应采取公开抽签的方式由各队代表自己抽签。若时间不允许，可提前抽签，但是必须有组织委员会及大会负责人到场监督，由指定代理抽签，并应在领队、教练员会议上专门有所交代，以免引起误会。

召开赛后领队、教练员会议的主要目的是安排比赛的善后事宜和专门召开技术研究会，总结此次比赛工作经验，相互交流比赛出现的特殊情况，为下届比赛提前做好预防措施，促进健美操竞赛组织工作的不断完善。另外，也为各领队、教练员提供相互交流的机会，交流比赛和训练的经验，了解健美操最新发展信息。该会在比赛结束前召开效果更好。

⑤编排秩序册。

秩序册是比赛安排的主要文件，在比赛日程和出场顺序确定之后，应在比赛前编制完成，并在裁判员及各运动队报到时分发。秩序册的内容一般包括运动员、教练员及裁判员守则，本次竞赛的规程，组织委员会、大会办事机构、仲裁委员会、高级裁判员组、裁判委员会、各代表队的名单、大会活动日程表、比赛补充通知、竞赛日程表、各场比赛的出场顺序等。

⑥组织裁判员学习。

赛前由高级裁判组对裁判员进行分工，组织裁判员学习竞赛规程和规则，每名裁判员都要参加裁判学习。通过学习提高思想上的公平、公正、准确，树立正确客观的工作作风。通过学习规则，对规则进一步熟悉，进一步深入了解，有利于统一评分标准，达到客观、准确、公正、公平的准则，有利于健美操比赛的健康发展。

⑦场地器材检查。

由场地设备处负责准备比赛和练习的场地，准备音响及照相设备，准备裁判工作用具，如计时表、计算器、示分牌、红绿旗等，并按运动员出场顺序准备好评分单和笔。

（2）比赛进行。

①检录工作。

检录员按照规程所标明的比赛场次、项目、比赛顺序进行点名检录。此工作在比赛开始前进行，一般提前 10 分钟左右开始检录前几组上场的运动员，从而保证比赛的顺利进行。

②评分工作。

裁判员根据规则评分，要求对运动员完成的动作进行现场独立的评分，并将评分填在评分表上或示分牌上，转交裁判长并由裁判长做其他扣分。

③宣告员工作。

宣告员负责宣告每场比赛的开始和结束，介绍仲裁委员及裁判长，宣布每场比赛的裁判人员、退场、宣布出场比赛队的名称、比赛项目及上一参赛队得分情况。另外，可以利用比赛空隙时间对本赛事具体情况进行介绍，做好宣传工作。

④记录组工作。

记录员将项目、参赛队名称、每名裁判评分、裁判长扣分情况记录在单项成绩评分表上，并计算各队的最后得分。由总记录员负责核对、登记、计算和判定名次，每场比赛结束张贴成绩公告，并在整个比赛结束后，各队离会前印发成绩册。

⑤放音工作。

放音工作主要负责接收、保存、按比赛顺序准确无误放音，以及交还各队录音带或光盘的工作，保证比赛顺利进行。

（3）赛后工作。

①宣布成绩，举行颁奖仪式。

②编印成绩册，并分发至各参赛队、裁判员等有关人员。

③大会各部门召开总结工作会议。

④接待处安排运动员离会。

2. 健身健美操竞赛规则简介

健身性健美操比赛以"锻炼身体、推动群众性运动及提高社会参与度"为目的，其技术要求较低，比赛操作简单，一般省、市和基层单位均可组织比赛。

（1）比赛内容。

徒手自编套路：指各种符合规则及规程要求的成套动作。

轻器械自编套路：指运动员利用个人能手持的移动器械所创编的符合规则及规程要求的成套动作。

（2）比赛时间。

成套动作的比赛时间为 2 分 30 秒～3 分钟（计时由动作开始到动作结束）。

（3）比赛音乐。

音乐的速度为每 10 秒钟 22～26 拍，成套动作允许有 2×8 拍的音乐前奏，在成套动作结束时音乐应同时停止。参加自选动作比赛的参赛队须自备比赛音乐，并将音乐录到在高质量空白磁带的 A 面开头。

（4）比赛场地。

比赛场地为 10 米×10 米的地板或地毯，标记带为 5 厘米宽的红色或白色带，标记带为场地的一部分。

（5）比赛器械。

轻器械的运用要体现安全性与美观性，不允许使用刀、枪、剑等较锋利的、具有伤害性的器械。

（6）着装、仪容。

运动员须着适合运动的服装（如背心、短袖或长袖的紧身服，上下连体、分体等服装均可）和鞋，着装应该整洁美观，不准戴任何首饰和手表。女运动员的头发必须梳系于后，发不遮脸，允许化淡妆。

（7）裁判组组成。

设高级裁判组 3 人，裁判长 1 人，艺术裁判 3～5 人，完成裁判 3～5 人，视线裁判 2 人，计时裁判 1 人，辅助裁判若干人（基层比赛可以不设高级裁判组）。

（8）评分方法。

比赛采取公开示分的方法，裁判员评分精确到 0.1 分，运动员最后得分精确到 0.01 分。

最后得分＝（最后艺术分＋最后完成分）－（裁判长减分＋视线减分）。

①艺术分。

每名艺术裁判的分数是对艺术编排的每项内容进行评价的总分，满分为 10 分。去掉最高分与最低分，所剩分数的平均分为最后艺术分。

评分因素及分值：成套编排（操化动作、过渡与连接、配合与托举、队形与空间）的运用 4 分，成套创意与风格 2 分，音乐 2 分，表现力 2 分。

②完成分。

每名完成裁判的分数是对偏离完美完成的每项内容进行减分后的得分，起评分为 10 分。去掉最高分与最低分，所剩分数的平均分为最后完成分。

评分因素：技术技巧、强度、合拍、一致性（组合赛与集体赛）。

完成裁判对以下错误情况予以减分。

小错误：指稍微偏离正确完成，每次减 0.1 分。

中错误：指明显偏离正确完成，每次减 0.2 分。

大错误：指较严重偏离正确完成，每次减 0.3 分。

严重错误：指严重偏离正确完成，每次减 0.4 分。

失误：指根本无法达到动作技术要求，无法清晰辨认身体位置，失去平衡等，每次减 0.5 分。

（9）违例动作。

为贯彻安全无损伤原则，运动员在成套动作的任何时间都不允许出现如下违例动作：所有沿矢状轴或横状轴翻转的动作；所有身体成一直线并高于水平面 30°以上的双手支撑动作，直至任何形式的倒立；任何马戏或杂技动作；任何身体抛接动作和器械超过 3 米以上的高抛接动作。

违例动作举例。

①体操动作类：各种翻滚、倒立桥，各种软翻、手翻、空翻、屈伸起等。

②艺术体操、舞蹈类：挺身跳、劈叉后屈体跳、结环跳、水平旋转跳、鹿结环跳，膝转、颈转、背转，站立后搬腿劈叉等，器械类大而高的抛接等。

③武术动作类：侧踹、抽踢等。

（10）裁判长减分。

裁判长减分主要包括以下几种情况：

①成套时间不足或超过，减 0.2 分。

②运动员在开赛叫到后 20 秒不出场，减 0.5 分；运动员在开赛叫到后 60 秒后不出场视为弃权。

③运动员的着装仪容不符合规定，减 0.2 分。

④运动员比赛时掉物或装束散落，减 0.2 分。

⑤运动员比赛时身体或器械触及线外地面，每人次减 0.1 分。

⑥违反难度级别或数量规定，每次减 0.5 分。

⑦因动作失误器械脱离于界外，运动员不捡起判为失去器械，减 0.5 分。

⑧超过托举的数量，每次减 0.5 分。

⑨违例托举，每次减 1.0 分；违例动作，每次减 1.0 分。

⑩器械种类超过 3 种，减 1.0 分；器械超过 3 米以上的高抛接动作，减 1.0 分；任何伤害到其他运动员的器械使用，减 1.0 分。

3. 竞技性健美操竞赛规则简介

竞技性健美操比赛以"夺标和提高技术水平"为目的，因此，比赛要求参赛者必须具备一定的身体素质和专项技术水平，参赛人数和年龄受到一定的限制，并严格执行竞赛规则。

（1）比赛项目。

正式的竞技性健美操比赛（如世界健美操锦标赛）包括7个项目：女子单人、男子单人、混合双人、三人、集体五人、有氧舞蹈、有氧踏板。

（2）比赛时间。

健美操成套动作的时间为1分20秒，有加减5秒的宽限度。

（3）比赛场地。

竞技性健美操比赛要求赛台高80～140厘米，后面有背景遮挡，赛台不得小于14米×14米。竞赛的地板必须是12米×12米，并清楚地标出7米×7米的单人、混双、三人的比赛场地，以及10米×10米的集体五人场地。标记带为5厘米的黑色带，标记带是场地的一部分。所用地板必须符合国际体联的标准，并由国际体联认可，只有国际体联认可的地板方可用于比赛。

（4）比赛音乐。

音乐速度在24拍/10秒以上，音乐前奏不得超过2个8拍。

（5）比赛着装。

参赛运动员必须着纯白色健美操鞋和袜子。女运动员着一件套带有肉色袜的比赛服，不允许穿两件套服装，头发必须梳系于后，可以化淡妆。男装不允许有长袖。服装上禁止使用松散或附加的饰物。禁止佩戴首饰。

（6）裁判组成。

高级裁判组由健美操委员会指定3名成员组成。正规系列赛的裁判组由14人组成：艺术裁判4人，完成裁判4人，难度裁判2人，视线裁判2人，计时裁判1人，裁判长1人。

（7）评分。

艺术分最高分为10分，由艺术裁判根据操化动作、难度动作、过渡/连接和托举动作的成套编排，音乐使用，操化动作组合，比赛场地的使用，表现力与同伴配合五个标准进行评价。10分的艺术分按照以上5项均分，每项2分，以0.1分递增。

完成分是从10分起评，由完成裁判根据技术技巧及合拍与一致性给予评判，对每个完成错误的给予减分。

难度分由难度裁判使用FG官方速记符号记录全部成套动作，数出难度动作的数量，按照加分的方法评分，从 0 分起评。竞技性健美操成套动作最多允许 10 个难度动作，且必须至少包括各组（A. 动力性力量动作；B. 静力性力量动作；C. 跳与跃类动作；D. 平衡与柔韧类动作）难度动作各 1 个，对超出难度要求的动作进行减分。

最后得分是总分（艺术分、完成分与难度分相加为总分）减去难度裁判、视线裁判与裁判长减分。

（8）裁判长减分。

裁判长减分项主要包括以下几种情况：

①违例动作，减 1.0 分。

②少于或超过 3 次托举，每次减 1.0 分。

③三人和集体项目中超过两人站立高度，减 1.0 分。

④表演中断每 2～10 秒，减 0.5 分。

⑤动作停止不得分，时间偏差减 0.5 分，时间错误减 1.0 分。

⑥被叫到后 20 秒内未出场，减 0.5 分。

⑦不正确着装减 0.2 分，错误着装减 2.0 分。

⑧音乐质量差，最多减 0.5 分。

⑨违背奥运精神和体育道德，减 2.0 分。

（9）违例动作。

违例动作主要包括以下几种情况：

①所有的绕矢状轴和横状轴转体全部的动作。例如，空翻、滚翻和侧手翻。

②所有的用手支撑的动作身体成一直线，高于水平面 30°以上的全部动作。

③使用完全反自然方向用力的动作。例如，身体后屈、塌腰、膝转、跪顶起和仰卧后举腿。

④任何马戏、杂技动作。

⑤抛接。

（四）健美操的音乐知识

1. 健美操音乐的特点

健美操与舞蹈、艺术体操相比更强调动作的力度。因此，它的音乐节奏鲜明强劲，旋律悦耳动听，热情奔放。健美操音乐多取材于迪斯科、爵士、摇滚等现代音乐和具有上述特点的民族乐曲，因此健美操更加展现出一种鲜明的现代韵律感。

2. 音乐在健美操中的作用

音乐是健美操的灵魂。旋律优美、节奏感强的音乐，有助于练习者更加牢固地记忆动作顺序和掌握动作；欢快、热烈、富有节奏的音乐，能有效地激发练习者的积极性和热情，使练习者闻声自娱，欲动不止。

音乐是表达思想感情的一种艺术。用音乐烘托健美操的气氛，表现健美操的特点，二者紧密结合，不仅能增强健美操的感染力，还能使人得到健与美的享受。

音乐是"心灵的体操"。优美动人的音乐可以提高练习者的乐感、美感及表现力，丰富练习者的想象力和创造力，从而达到保持健康、培养正确体态、塑造美的形态、陶冶美的情操的目的。

健美操是在音乐伴奏下进行的身体练习。人们在欢乐的气氛中进行锻炼，不仅心情愉快，不易疲劳，还可以缓解精神压力，使人既能得到美的享受，又可提高协调性、节奏感、韵律感和自我表现的能力。

3. 健美操音乐的选配方法

对于健美操音乐的选配有两种方法。

（1）根据音乐选择动作。

音乐是健美操教学中的重要组成部分。对精心选择的乐曲，要分析音乐的结构特点。应根据音乐的风格特点、节奏和旋律来设计创编健美操的成套动作。动作的节奏必须与音乐的风格相一致，与节奏相统一，这样才能达到良好的健美操效果。一般应选择节奏明显、旋律优美结构较完整、具有较强感染力且格调健康的迪斯科、爵士乐、摇滚乐或民族音乐作为成套动作的音乐。

（2）根据动作制作音乐。

当选择的乐曲在时间、速度或风格等方面与动作不相符时，需要将音乐重新处理或制作。

首先是音乐的剪接。剪接的形式有两种：一种是同一首乐曲的剪接，另一种是两首或多首乐曲的剪接。但无论采用哪一种剪接方法都应注意：剪接的部位一般放在有停顿、空拍或乐曲的结尾处。剪接处前后乐曲的旋律应尽量做到相同或相似，特别是两首或多首乐曲的剪接，其乐曲的速度和旋律要相同或相似，以免在音乐的节奏和旋律方面出现不自然的现象。

其次是音乐速度的调整。乐曲的调速有两种：一种是整首乐曲的调速，另一种是在乐曲的部分处进行调速。在实际制作过程中，在乐曲的部分处进行调速比较困难。在具体操作时，可采用以下方法，效果或许会好一些，即将调速后的音乐放完之后稍加停顿（停 4 拍），再录制减速的音乐或在调速的乐曲剪接处配上有特殊效果的声音，如海浪声、宇宙间一些自然的声音等，但时间不宜过长，不能超过 8 拍，不然就会影响乐曲的完整性。

最后是成套音乐的制作。即结合成套动作特点，在音乐中适当加一些特殊效果，这不仅能有效地提高学生的表现力和练习的积极性，而且对培养他们的美感极为有效。

二、技术实践部分

高校健美操技术教学的目的是使学生掌握健美操动作的方法、要领，培养学生正确的身体姿势，塑造学生良好的健美形体，增强学生的各项身体素质，加深学生对健美操理论的理解和对动作技术的掌握。

（一）健美操基本动作练习

（1）健美操的基本步伐：踏步类、并步类、弓步类、半蹲类、吸腿类、摆腿类、弹踢类、踢腿类、开合跳、分腿跳、点地、并跳等。

（2）健美操的基本徒手动作：头颈动作、肩部动作、上肢动作、胸部动作、腰部动作、髋部动作、地上基本姿态等。

（二）健美操形体练习

（1）身体站立的基本姿态：丁字步、芭蕾的五个脚位。

（2）手臂的基本姿态：手形及七个基本部位。

（3）手臂的摆动、绕环及波浪练习。

（4）基本步伐和舞步：柔软步、足尖步、滚动步等。

（三）健美操基本素质练习

（1）力量练习：哑铃侧举、上举、头后上举、组合练习，仰卧起坐、俯卧撑。

（2）速度练习：后蹬跑、快速跑、计时跑等。

（3）弹跳练习：纵跳、吸腿跳、蛙跳、跳台阶、立定跳远。

（4）耐力练习：800 米跑、2000 米健身跑、几分钟跑、计时跑。

（5）柔韧练习：压腿、踢腿、压肩、前桥、后桥。

（四）健美操成套动作练习

健美操成套动作是在基本动作的基础上，进行组合、创编的全身各部位练习。动作由易到难、由简到繁，通过练习可系统地改善和锻炼身体各部位的肌群，锻炼肌肉，消除多余的脂肪，改善骨骼和内脏器官的血液循环，有利于身体的全面发展，进而塑造良好的体形。

健美操成套动作的编排一般由头颈、肩部、上肢、体侧、体转、髋部、全身、踢腿、跑跳、整理等动作组合而成。动作的节奏和频率可由慢到快，拍节可由少到多，练习时间可根据自身情况，加大或减少运动负荷。

三、能力培养部分

（一）动作示范能力的培养

1. 重视基本技术和基本姿态的训练

基本技术和基本姿态是形成健美操的正确技术动作，提高运动技术水平的基础。重视基本技术和基本姿态的训练是形成规范动作示范的前提。方法是组织学生观看健美操教学、表演及比赛的影像资料。通过观看视频，使学生对规范、优美的动作有进一步的认识和理解，以提高动作水平和表现力。教学中，可经常轮换着让学生在队前带领练习，以提高学生对自身动作规范性的要求；也可以经常进行小组表演性比赛，以促进学生对自身动作的关注。

2. 示范方法的实践练习

示范方法的实践练习可以从三方面进行：①学生按照教师教授的示范动作自己进行实践练习，教师及时给予评价；②学生之间互相示范相互纠正动作，提高学生正确示范及示范面的转换能力；③让学生进行动作教学的示范实践，提高学生独立运用示范方法的能力。

（二）讲解能力的培养

1. 提问训练

提问训练是培养学生语言表达能力的一种较有效的方法。例如，学生通过积极回答某一种技术动作的名称、术语、技术要点并讲解动作过程，锻炼自己的表达能力。另外，学生将自身讲解和教师的讲解进行比较，找出不足，进行改进，提高自身的语言讲解能力。

2. 试教训练

试教训练一般是学生学习结业阶段进行的训练，学生试验性教授教学课的一部分，并在试教前，安排好试教的主要内容和顺序，学生提前写教案，做好准备。在学生试教结束后，教师及时给予评定，改进不足，逐步提高试教能力。

(三) 创编能力的培养

1. 加强创编理论的学习

在创编前应教会学生健美操创编的原则、方法和程序，以及有关健美操音乐的基本常识。

2. 创编实践指导

组合动作的创编一般有两种方式：一是先创编单个动作，在单个动作的基础上加上方向和移动路线，再创编组合动作。二是对原有的组合动作进行整体模仿，局部修改。成套动作的创编是在基本掌握单个动作、组合动作创编的基础上进行的。教师可采用统一规划安排的方式，对学生提出具体的创编要求和组织实施方法，以小组为单位进行创编并表演动作。在各组创编完成后，组织全班交流并互相评价，最后由教师进行总体评价并给予建议，学生再次对动作进行修改和表演，在反复练习中提高创编能力。

第二节 美学渗透视域下的高校健美操教学内容实践创新

社会经济不断发展，人民生活水平逐渐提高，人民群众的审美观念也在逐渐发生转变，致使健美操教学在全国高校的开展更加顺利，普及程度也越来越高，美学渗透在高校健美操教育中所产生的价值越来越大。

一、高校健美操教学中的美学特性

(一) 形体美

每个人都是一个独立的个体，存在着个体差异，都有自身独特的形体特点，这个特点受多方面影响，一方面是内在，即遗传，另一方面源于外在，与地域、人文、家庭和后天的锻炼有关。每个人都希望自己能够更加得完美，但人无完人，仅在形体管理上，就很难达到生而完美，需要后期的塑造和提升。高校健美操课程一方面展现形体美，通过精心的动作编排，通过肢体动作展现肌肉线条、身体构造美学；另一方面也利于塑造人们所追求的形体美，通过频繁的动作变化、大幅度的肢体动作，带来大量的能量消耗，弥补生活中运动量较少的情况，提升肌肉量减少脂肪，帮助学生塑造美好身材，从而更加自信，更加挺拔。

（二）动作美

健美操通过身体运动给观赏者呈现出肢体美学。健美操通过肢体动作的组合，呈现出一种动感、力量的美学。在健美操中练习者身体各部位以环绕、摆动、旋转、跳动等动作为基础，将基本动作进行编排组合，形成一套较为系统、复杂的组合动作。健美操运动员通过不断的练习配以高难度动作，默契配合，多人整齐划一的动作，展现出当代青年蓬勃向上的精神风貌，给观众以美的享受。

（三）音乐美

音乐是健美操表演和练习中重要的组成部分，是健美操的灵魂。运动员跟随音乐进行悦动，从而表达出健美操深层的情感。在健美操运动中，音乐的选择至关重要。精心编排的动作，运动员完美的表现，配以巧妙的音乐，能够带给观众身临其境的感受，使整个表演的美感进一步提升。如果配乐的选择不符合编舞的主基调，或者过于单调、传统，则会与健美操的艺术美学相悖，同时影响观众观感。富有动感的音乐会使人们不由自主地舞动，运动员表演会更加有活力，也会给观众带来一场视觉与听觉的盛宴。

（四）创意美

一套优美且独特的健美操，能够给观众留下深刻的印象，而刻板重复的内容，会使观众、运动员都对这项运动失去兴趣因此要求健美操运动需要保持创新性，体现创意美。创新的要素包括主题、音乐、动作等等，教师及学生在编排健美操动作时，不断地创新、完善，编排能力越来越成熟，健美操动作越来越完美，表情、动作、配合更加丰富，塑造了健美操的创意美。

（五）精神美

健美操运动从动作、音乐再到运动员的神态，都体现出一种朝气蓬勃的气势和积极向上的精神。健美操通过运动员身体各部分的协调配合，呈现出韵动美感，挺拔矫健的身姿向观众展示了年轻一代的朝气以及积极乐观的心态。通过这种积极向上的感染力，激发观众的运动热情。

二、健美操的美育功能

美具有形象、体验、愉悦心灵、陶冶情操等基本特点。美育是对各种事务审美能力的培养，是不能被忽视的教育，它不能被任何教育所代替。正确认识和评价体育的美育地位和作用，对满足人们的审美需要、丰富人们的精神生活有着极为重要的意义。未来体育事业的发展，越来越需要发挥体育的美育功能。

（一）健美操美育功能的多元性

健美操教学中的审美教育具有独特的功能，这种功能可以提高教学质量。教师示范动作做得准确、漂亮，能激发学生学习健美操的热情、兴趣和对美的追求，启发学生找到最科学的方法改进和完善锻炼自身的方式，以巩固学生对于运动技能的理解和掌握并在这个过程中不断发展。此外，艺术和趣味结合的教学方法，新颖的教学方式和独特的教学环境，可使学生在实践练习中产生对于学习健美的浓厚兴趣。健美操的美育可以改进学生的主观形象。健美操运动使学生树立正确的标准概念和审美体验，提升学生的精神面貌，培养他们的思想、感情、行为和其他方面的气质，这样才能实现外在美和精神之美的有机统一。对于人类自身美外国美学家提出三层结构：外在的美——内在性格美——心灵美，健美操的审美活动，主要是为了让学生自由发挥自己的情绪，自由的思维活动，使情绪社会的，理性的发展，但它不排除主观，而是为了让感性与理性，个人和社会统一起来。在运动竞争和比赛的情况下，运动员不仅要承受巨大的心理和身体压力，而且需要较高的道德修养。那些粗鲁的运动员会降低健美操的美学价值；相反，运动员在运动场上团结互助、积极向上的面貌，则是健美操运动美的内在表现。例如，保护和帮助是体操运动最重要的特点之一，这是一种在健美操教学中使用的有效的教学方法，为了防止运动损伤发生的重要安全措施。保护和帮助是健美体操教学和培训需要掌握的基本技能，学生必须通过相互实践才能掌握。学生通过实际操作，不但掌握了保护技能，而且还增强了纠正错误的能力和观察判断的能力，这项技能要求保护者有高度的责任感和正确的意识，体现学生高尚的道德修养，在保护过程中需要有任劳任怨的态度，精神集中、耐心细致。在有异常情况发生的时刻，能全力以赴地保护同学的安全，这对培养团结互助的集体主义精神、净化灵魂，塑造美的理性形象具有重要的作用。

健美操美育不仅可以改善学生的主观形象，而且还可以促进健美操审美意识的形成和发展。在健美操运动实践中，有助于个体审美意识的快速形成。它不仅仅需要教师传授，还需要教师利用相关的审美媒介（如人的形体、动作技术、艺术等）为学生提供大量审美体验的材料，进而增强其审美感觉、审美体验。经过反复的体验，奠定审美意识形成的基础。

在健美操运动中，审美意识的形成过程具有双向性的特点。也就是说，既包括教师按照相关的审美意识，运用健美操的审美媒介去引导学生，也包括学生审美意识的逆向活动。这种双向性的对应不是教师与学生之间的直接对应，而是经由教师选择的健美操审美媒介和学生对健美操审美媒介产生的审美经验、审美情感发生的。进而提高学生审美鉴赏力、评价水平和能力，促进学生审美意识向更高水平发展。

健美操美育还能完善人的思维结构。审美思维结构和心理结构不是封闭存在的，而是彼此双向渗透的，所以审美教育和智力教育是相辅相成的。因此，健美操美育和智力教育也是互补存在的。

最后，欣赏和体验健美操运动中的美，不仅需要感观与想象，还需要对其深入理解。欣赏者的各种心理活动不是抽象的思维，它常常伴有理性形象的具体特征。健美操美育功能可以引导学生从抽象思维转向直观思维，只有认识真理，才能激发学生发明创造的能力。健美操美育功能中感性和理性的相融性，即由思维认识走向思维创造的过程，将智力结构的逻辑思维模式导向自由直观，从而完善智力结构，使人实现"由素材到形式，由感觉到规律，由有限存在到无限存在的转变"。

（二）健美操美育功能的重要性

现代体育教学中的健美操编排动作组合大胆合理，艺术构思独特巧妙，通过灵活多变的动作和高超新颖的运动技巧的连接，使健美操在流畅的动作、多变的表情、优美的形体的衬托下，充分展示学生健美的体魄、高雅的气质、健康的形象，在愉悦的音乐旋律达到健身、健心、美体的目的，提高了学生的练习积极性，从而发挥美育功能的作用，保证健美操教学质量和效果。

1. 健美操的美育功能具有培养学生基本姿态的作用

女生气质美的养成最基本的要求就是练习基本姿态。在学习健美操动作时，在注重动作质量的同时还应注重学生形体和气质的改善，使学生养成良好的气质美。因此，在教学中首先要突出练习的是基本姿态。

2. 健美操的美育功能具有培养音乐感受力的作用

音乐是健美操的灵魂，欢快美好的音乐可以让人心旷神怡、心情愉悦，美好的音乐可激发学生的情感释放，使学生具有丰富的想象力和表现力。成套动作加之良好的乐感和突出地表现能充分展示学生的动感美。因此，良好的乐感，可以提高学生体验美、欣赏美的能力，帮助学生形成高尚的美学价值观。

3. 健美操的美育功能具有培养学生提高评价美的能力的作用

作为艺术类项目的健美操运动，本身就蕴含多种美的因素，需要引导学生去欣赏、去感受、去把握。而教师在教学中将对美的感受、美的体验和美的认知传授给学生，从而提高学生的审美能力与审美情趣，让学生通过自身的理解与努力正确地把握美。

4. 健美操的美育功能具有提高学生心理健康水平的作用

通过对几所高校健美操教学结果的调查发现，选修或必修过健美操课程的学生出现"强迫症状""人际关系""忧郁""焦虑""精神性疾病"等情况的的发生几率都低于没有学习过的学生。这说明健美操课程在体育教学中，对于提高心理健康水平起着积极重要的作用。健美操有助于提高学生的自信心，协调人际关系，适应社会的能力，它还有助于改善心理素质和完善人格，培养坚定的意志品质，具有促进身心健康的作用。

（三）健美操美育功能的可开发性

健美操运动作为一项新兴的、表现体育美学和难度的体育项目，存在着极其丰富的美学因素，是体育美学理论最容易得到开发的项目之一。通过对健美操运动中的各种美学因素（形体、音乐、服装及表现力等）的发掘，将美学的基本理论应用到健美操的教学活动中，在健美操的教学过程中实施健美操的美育功能，对于审美培养学生审美的能力和完善学生的人格都具有极其重要的意义，同时建立健美操运动正确的审美观对于健美操运动的发展具有重要的意义。因此，通过对健美操美育功能的研究发现健美操美育功能具有可开发性特点的。

1. 培养学生审美感受力

从学生审美感受力的培养来看，审美对象是通过审美感官感受，从而慢慢进入人的审美意识的。从体育与健康的角度来看，特别要注重保护学生的感觉器官，以利于健康审美活动的参与，然而，这个问题还没有引起足够的重视。美具有形象感染性的特点，如果没有感性知识，就没有审美感知。教师应该在这种认识的基础上，正确引导学生，鼓励学生尝试在运动过程中积累内在的美感经验，同时深化自觉的审美意识。与此同时，这些认识不应被局限于运动中，还在于从内心体验美到外表观察美的相结合，享受美的内心体验。

在健美操运动过程中，为了更好地开展审美教育，要积极引导学生参加审美活动。通过各种体验，使学生感受到健美操独特的美，包括身体美等各层次美感的融合。去亲身感受美好的事物，使自身的情感和身体得到融合，进而得到抒发，从内心激起学生对健美操运动的练习兴趣。在健美操运动中，培养和提高学生对健美操运动的感受力是极其重要的，是健美操实现其美育功能的第一步。

总之，审美感受力是开展审美教育的第一步。现实中很多事物都需要我们一定的审美感受力，通过直观的把握和判断来获得美的直观印象。审美感受力是通向审美境界的基石，因此，在健美操的教学中，开展美育功能的第一步就是培养学生的审美感受力，为实施美育功能提供基础。

2. 培养学生审美鉴赏力

审美鉴赏力是指在实际活动中，对于美好事物的看法，从而有着正确评价美的事物的能力。它包含鉴别与欣赏两个方面，培养学生的审美鉴赏力，应系统教授学生健美操的基本理论知识，把竞技的相关知识和基本的美学原理相结合，绝大多数不能参与高层次运动队训练的学生可以获得欣赏健美操比赛的美感体验，虽然观众欣赏体育运动的乐趣，会由于运动美感的增加，而逐渐增加，但实际上是不一样的，因为其审美水平不同。对于观众而言，健美操大多是视觉美的享受，但是对于体育活动的参与者，它不仅仅是视觉的也是一种神经和肌肉感，所以在练习健美操的过程中，不仅可以培养和提高学生对美的感受力、鉴赏力、理解力、想象力和创造力，激发对美的追求，而且通过自己对于运动的亲身体验，他也可以对具有美感的运动做出正确的评价。

审美鉴赏力的培养对于学生美育功能的开发极其重要，有利于培养学生基本的审美能力，让学生对美有基本的理性认识，从而为美育功能的实施奠定基础。

3. 培养学生美的表现力和创造力

审美的创造力是人们通过自身的审美体验和鉴赏力，通过自身的审美创造，将美学原理运用到实践中，并依据美学规律去创造美好世界的一种能力。这种能力是实施美育精神的高级阶段，只有我们把对于美的精神重新贯穿到审美的创造实践中，这样人们的审美能力才能提高，美育的一个重要任务就是让美重新回归美，让人们通过审美活动，培养美的意识，并回归美的创造。

健美操运动是一项极其重视创新的体育项目，从一开始发展到现在，其在内容、形式上都发生了极其巨大的变化。健美操运动通过高难度的动作、和谐统一的队形以及健康的形体传递出极其让人叹服的美感。其具有整体协调、韵律十足的特点，非常吸引学生的注意，给人活力四射的感觉，能够调动学生对于健美操的审美情感，使学生在健美操的教学和表演中感受到美，同时被这项美丽的运动深深折服。在进行健美操运动的练习和表演时，学生通过动作、音乐、服装、配合来表现运动美、健康美、协调美，并表现出健美操独有的审美意识，健美操美的创造即由此开始。

4. 塑造学生完美的人格

"美育之目的，在陶冶活泼敏锐之性情，养成高尚纯洁之人格。"蔡元培先生对于美育的描述很直接体现了美育的功能。美育最深层的功能是人格的塑造，体育的主要任务是从身体方面培养教育全面发展的人。在健美操的教学中实施美育，有着和其他领域不同的特点，那就是通过塑造健美的身体，使学生形成健康的审美观，塑造学生完美的人格，为人类创造健康的美是体育的最终目的，健康美最深层的要求就是对于人格的塑造。

健美操运动整齐划一的动作，配以节奏轻快同时热情奔放的音乐，队员之间的协调配合，可以使学生在健美操的教学过程中，释放压力，愉悦心情。同时在运动的过程中，通过各种优美的动作感受美的力量，得到心灵的享受。健美操由于基本都是团体项目，在健美操的教学中容易培养学生团结奋斗的协作精神，与其他队员良好的沟通能力，传递健康活动的交流能力，同时健美操运动极其重视创新性，在健美操的编排过程中也培养了学生的创新能力。此外，健美操运动动作都具有一定难度，队员在运动的过程中，为完成一个完美的难度动作积极拼搏，培养学生勇于拼搏的精神。由于健美操的教学过程，有着很多的实践，有利于学生完美人格的塑造。

（四）注重健美操美育功能发展的必要性

在健美操审美活动中，直接感受美和对美的最初印象是审美开始的前提，这就要求人们要有较强的审美感受力。美的现象是需要人通过一定的直接感受，加以认识和领会的。在平时生活中，人们的审美感受力有强有弱、有高有低，有些人天生对客观事物的审美感受力就特别强，这与他们自身的心理和生理因素有关。虽然如此，他们也和其他人一样，需要通过训练和特定的教育得到。要提高人对于自身的认识和感受力，就必须通过对外部世界的认识和自身的亲自实践来得到。

人的精神文明，它不是天生的本能，是对自我精神世界的认识和对于事物的感知能力，它是在与现实世界不断地相互作用和交集中完成的。美是在社会实践活动中产生的，所以培养人的审美感受力也需要进行社会实践。综上所述，健美操运动可以通过审美教育，指导学生积极参加各种活动，为学生的审美实践提供平台，通过自己亲身感受，体验美丽的事物，激发学生学习健美操的兴趣，逐步提升学生的审美感受，以达到健美操的美育功能。

美育是渗透在各个领域里的审美教育，而不是一般的知识教育。因此，培养人正确的和健康的审美观是它的一个重要职能所在。在健美操的美育教育中，它不要求学生必须按照规矩去做，而是要求引导学生提高对于审美的理论指导和模式，美育教学从根本上来说是美感教育，它是一种自身体验的过程，在各种的审美体验过程中，帮助学生体验对于人格和身心的美好，使其得到全面发展。而健美操独特的美育功能对于当代人来说，是治疗精神世界斗争的良药。

实践证明，音乐有触动人体细胞的作用，对情绪会产生很大的影响。乐曲欢快的旋律和节奏，有助于人体器官活动的协调一致，也有助于发挥人体的潜能。同时优美的音乐韵律能够刺激大脑皮层，调节神经体液，加速人体的新陈代谢，改善人体各个器官的功能，使人精神饱满、精力充沛。同时由于健美操练习具有较强的节奏性，所以通过热情奔放的动作与音乐的完美结合，可以烘托气氛，激发人们热情，健美操便成了有感情、有生活、有魅力、有灵魂的体育艺术，学生可以在教学过程中得到乐趣并享受艺术带来的美好感受。在欢乐的气氛里进行交流和学习，增进友谊，培养学生开朗、乐观的性格，从而快乐地生活和学习。健美操的美育功能能够满足人的各方面的需要，在促进身体健康发展的同时，也能到促进人心理的健康发展，让心理得到慰藉和放松。即使人们没有亲自参与健美操运动，但是在观看健美操的比赛时，也可以感受到健美操的魅力，享受到健美操强烈的美的刺激，获得一种感同身受的审美体验。

在所有的体育项目中，健美操是一项美学特征突出的体育运动项目，应该积极发挥其内在的美育功能，促进人精神世界的发展，为社会精神文明的发展贡献力量。

三、高校健美操教学内容中美学渗透的实践路径

高校健美操课程的教学内容，是健美操美学渗透实践的载体，也是基础，教学内容的独特性、多样性、创新性、美学等关系到高校健美操教学的质量。在教学内容上，教师要将健美操中蕴含的美学特性全部挖掘出来，并融入日常教学及训练中，以激发学生的学习兴趣，增强健美操的感染力，使学生间接接受美学教育。因此，将健美操的美学特征逐渐渗透到高校健美操教学内容中的路径如下。

1. 在健美操教学内容中融入美学理念

教师在教学中不断丰富课程内容，突破传统教学模式和理念，挖掘健美操的美学以及学生对美学的不同追求。教师所安排的教学内容要符合学生的心理及生理特征，设计的内容能够促进学生审美意识的提升，激发学生学习和运动热情。在整体教学过程中，教师要通过课程内容及教学设计，培养学生坚强的性格、乐观的心态、强壮的体魄，有利于学生形成良好的精神风貌，从而更好地展现出健美操的美学。

2. 根据健美操的美学特性进行教学内容创编

在尊重学生认识规律的基础上提高内容的美学渗透效果。教师要积极探究美学相关元素，通过加强师生互动，给学生传授更多美学知识，使学生在感受健美操综合美的基础上提高审美能力。例如，学校可以为学生的健美操训练提供优美的场地，通过环境美化和现代技术结合等，使学生在美的环境中接受熏陶，最终提高审美素养。教师可以对健美操的动作进行创新设计，在原有内容基础上融入美学因素。如果学生喜欢音乐，可以结合音乐进行健美操的动作编排，既能提高学生的训练兴趣，又能让学生根据自己喜爱的音乐感受健美操动作，进而体验健美操的内涵美，并通过自己的表演将这种内涵美展示出来，有利于学生主动参与到训练活动中来，有利于培养学生发现美、鉴赏美的能力。

3. 在健美操内容中融入流行元素

在高校健美操课程内容中选择符合学生群体的流行元素，在传统教学

的基础上，寻求更多的创新突破，形成独具特色的教学模式。例如，在进行形体训练时，引入多种舞种，将拉丁、瑜伽、搏击等利于身形塑造的舞蹈。独特、创新的教学模式有利于学生身体、心智、学习热情的提升，教师充分挖掘并更新教学资源，逐步形成一套现代性、创新性、艺术性的教学方案。

4. 创新教学内容，丰富教学内容资源

随着经济水平的不断提升，社会的不断发展，大学生们越来越多地接触到更加新鲜的事物，因此需要不断更新教学理念。在传承健美操运动经典理念的前提下，不断丰富健美操的教学内容，将健美操运动的美学元素充分地展现在学生们眼前，提高学生的学习兴趣和欲望。要丰富健美操教学内容，需要得到学校的支持与肯定，同时在教学资源等方面给予支持，这样，教师可以选择更加具有吸引力、更加融合美学教学内容的素材进行健美操的教学，促进健美操教学中融入美育。

5. 在健美操技术动作内容中融入美学

健美操教学中教师的仪表和姿态是学生学习的榜样。教师身体姿态端正稳重，教态和蔼可亲，一举一动气质优雅，自然会在教学时得到学生的喜爱与崇敬。学生萌生出强烈的模仿欲望，对美的追求形成于潜意识中，逐渐形成良好的审美意识。教师在教学过程中要全身心地打造一个艺术化的角色，根据不同的教学内容调整自己的形象。例如，在教学示范动作时，要保证动作娴熟优美；在与学生合作时，要带领学生共同展现出动作的美。学生在动作优美的教学环境下自然会受到更多的熏陶，产生对美的学习欲望，从而更加深入地感受健美操运动中的美。

6. 重视学生的创新能力，发挥学生的美育主体作用

创造性是艺术的生命力所在。创造是人的本性，是美的自由的形式。健美操运动之所以发展得如此迅速，是因为它一直在更新、创新，创新赋予了它生命力。学生在学习健美操运动的过程中，不仅要学习固定的健美操动作，还要体会健美操动作的可融合性、可创新性，要有意识地培养创新创作能力，并运用到健美操学习和表演中。尤其是完成成套动作时，在静态造型、动态造型、动静结合造型等方面充分发挥创新能力，在各类造型中融合美学元素，创作出更加有美感的健美操动作。

总之，高校健美操运动集众多美学特征于一身，美学特征使高校健美操教学中的美育教学内容更丰富。在高校中进行美学与教育的有机结合，充分把握形体美教育、韵律美教育、创编美教育、造型美教育、精神气质

美教育等教学内容，能发挥美育与教育的共同价值。在高校健美操教学中进行美育融入，应把握审美教育的关键、抓住审美教育的主体、丰富完善及转变健美操教学措施，不仅提高高校体育教学质量，还对大学生审美感受力、审美鉴赏力、审美创造力、个人素质等的培养具有重大的意义。

第三节　全民健身背景下的高校健美操教学内容实践创新

一、全民健身概述

（一）健身的概念

健身这一活动在世界上不同国家和地区都有不同的称谓，因此，对其内涵的理解自然也就有差异。在古代，不管是东方国家，还是西方国家，人们对健身的认识是较为统一的，即强健体魄、修炼身心。健身与我国传统养生的含义基本上是相同的。我国传统养生方法就是通过独特的运动方式来达到维持生命、延长寿命的目的。传统体育养生又称"道生""养性""保生"等。"养生"一词最早出现在《庄子》内篇中。其中，"生"意为生命、生存、生长；"养"即保养、调养和补养。简单来说，保养生命就是养生。养生与现代医学中所说的保健又有异曲同工之处，近代西医传入我国后，"保健"一词逐渐出现，其最初是一个医学专用术语，指个人与集体所采取的医疗预防与卫生防疫的综合措施。养生与保健对于个人而言，其含义是基本一致的，但对于集体而言，保健的范围更广泛。

随着社会经济的快速发展，人民的物质生活水平日益提升，并开始追求健康的生活方式，一些人已将健康作为自己的第一需求。人们关于健身的认识，大都是浅显的，认为健身仅仅就是体育锻炼，实际上健身的含义不止如此。"健身"一词是在 20 世纪 90 年代出现的，在当时，除了医疗手段之外，其他所有为了人体健康而采用的方法与手段都被纳入了健身的范畴。在众多的健身方法与手段中，人们通过体育运动的方式实现健身的目的被称为体育健身，也称作"运动健身"。

20 世纪 90 年代之后，我国从其他国家引入了大量与健身相关的文献和资料，从此，人们对"健身"一词的理解就更加深刻了。例如，林建棣在《体育健身指南》中指出，实质上健身的意思就是促使人的身体健全和体质增强。林笑峰先生认为，人类的身体不能任其自然发展，要对其加以建设，这是人类生长与发展的客观需要。健身是对人的身体进行建设或健全的有效手段，通过这个方法可以使人的体质不断增强。健身时，不仅要对四肢进行锻炼，而且要对头脑加以锻炼，因为头脑是人身体的重要组成部分，头脑不健康，身体就难以实现整体的健全。毕春佑在《健身教育教程》中认为，建设和健全人的身体就是健身，实际上也就是增强人的体质，这和前面的观点是一致的。朱金官在《健身健美手册》中认为，健身指的是通过对身体锻炼方式的运用来实现促进体质强健的目的。

不同的学者对健身含义的界定各有侧重，在分析上述几种观点之后可得出，健身是促进人体健康，提高生活质量的一种行为方式。我们可以对健身的概念做如下界定：健身是指运用各种体育手段，结合自然力和卫生措施，以发展身体、增进健康、增强体质和愉悦身心为目的的身体活动过程。健身包括一系列的行为过程，有智力行为、机体行为，也有社会行为，这些行为的实施都是为了改善身体健康状况，而不仅仅只是从疾病的状态中脱离出来，可见，健康是健身的主要目的。

现代健康新观念认为，健康的内涵不仅包含人的身心全面发展，还包括人心智方面的全面发展，以及个体与社会的协调统一。可是，在现实生活中并不是每个人都清楚地了解"健康"的概念。人们通常将"健康"理解为没有疾病，"要拥有健康只要加强锻炼、合理膳食就可以了"。其实不然，"健康"的含义远不止这样简单。早在 1948 年世界卫生组织成立之时，就在其宪章中明确地指出："健康"不仅仅是没有疾病和没有衰弱，更重要的是在生理上、心理上以及社会适应能力方面的一种完美状态。"健康"至少应该包括三个层面的含义：一是自然性的，人首先是一个自然体，人的组织器官以及生理功能良好，这是生物意义上的一种健康状态。二是表现在文化性上，人不仅仅是一种动物，人具有自己的思维，具有非常丰富的内心世界，他不但要去适应自然还要去改造自然，从这个层面上来讲，健康的心态以及健康的行为与规范是文化层面上的健康。三是社会性层面上的"健康"，个人与社会之间不仅互为需要，同时还是一种互动的关系，健康的活动大多是一种个体的行为，但一定会受到特定社会制度、道德规范以及人际关系等方面的制约。因此，健康的心理品质（如良好的认知、意志品质、处事态度、适度的情感及表达方式、高尚的审美情趣、自尊、自信、自爱等）就是社会意义上的健康。换言之，判断与衡量一个人是否健康，一定要从生理、心理以及行为等多方面进行综合分析，不仅要看所判断对象是否有身体上的器质性或者功能性异常，还应该观察其有没有主观不适感，身上是否具备社会所公认的不健康行为。

综上，健身不仅体现了古汉语中养生的含义，而且也体现了我们现在通常所说的"发展身体""完善人体""增强体质"等。人类健全自己的身体，不仅要使体质从弱变强，而且要使身体从不完善到健全与完善。所以，"养生""发展身体""增强体质""完善人体"等词语都可以用"健身"一词来标记。这些词语的内涵在健身中都能够体现出来，所以说健身是一个具有综合含义的词汇，既有强健身体的意思，又有健全身心的含义。

（二）全民健身的内涵

全民健身是指全国人民，不分男女老少，全体增强力量，柔韧性，增加耐力，提高协调、控制身体各部分的能力，从而使人民身体强健。全民健身旨在全面提高国民体质和健康水平。

《全民健身计划纲要》明确指出："为了更广泛地开展群众性体育活动，增强人民体质，推动我国社会主义现代化建设事业发展，特制定本纲要。"群众性体育活动、人民体质、社会主义现代化建设事业是这句话的三个关键词，全民健身的主体、内容和目的是这三个关键词传递出的重要信息。

《全民健身计划纲要》中明确指出，全民健身计划的实施是以全体国民为对象的。全民健身中，"全民"指的是具有中国国籍的十几亿国民，无论男女老少，甚至居住在国外的侨民都在这个范围中。"健身"就是对人的身体进行健康维护，并促进体质不断增强。我国一些学者对全民健身概念的界定主要从两方面入手，即对象和方法。因此，将全民健身界定为全体人民采取不同的手段、方法达到增强体质的目的。董新光在《全民健身大视野》中提到，对于我国而言，"全民健身"已经不仅仅是一个简单的词汇，它已是我国建设社会主义现代化过程中的一项事业，是我国亿万同胞的体育实践。在 20 世纪末期，全民健身是当时的体育热点，是我国特有的社会现象。"全民健身"的含义已经不仅仅是全国人民来健身这样浅显的字面意义了，它已经成为"全民健身事业""全民健身计划""全民健身战略""全民健身工作"及"全民健身工程"等的代名词了，内涵更加丰富了。

强身健体是我国全民健身的主要功能和作用，但不是唯一的。积极向上、团结合作、遵守规则、公平竞争、和谐发展等都是全民健身所倡导的重要精神及理念，这与我国构建和谐社会的理念是完全相符的。所以，我国要继续探索如何将全民健身的作用与功能更好地发挥出来，使其在社会主义事业发展和人民生活质量方面都能够起到积极的促进作用，使人们不仅将全民健身看作是身体运动，更看作是一种健康的生活方式。这样，全民健身才有可能成为促进社会进步与发展的重要推动力，和谐发展、公平竞争、崇尚规则等理念才有可能真正地落实。

综上可知，全民健身的含义在不断演化，并且向"中国特色的大众体育"层面不断延伸，其内涵如下：

（1）全民健身活动的法规法律与组织。

（2）全民健身活动设施与资源开发。

（3）全民健身活动分类与基本内容。

（4）中国社会体育指导员、市民健身、农民健身、学生健身、特殊人群健身。

（5）全民健身效果评价以及全民健身的国际借鉴等。

二、全民健身背景下高校健美操教学和健身活动融合

（一）高校健美操教学和健身活动融合的可行性

1. 顺应高校体育教学改革的时代要求

在我国教育实现现代化发展的阶段，教育教学改革也在如火如荼地进行，对体育教学也是如此，要求摒弃传统的以专业训练为单一目标的教学模式，更加注重人本思想和健康理念，实现对学生的综合素质的培养。将健美操教学和健身活动融合适应了新时期教育教学改革的实际要求，对提高我国高校体育教学质量具有十分重要的现实意义。

2. 符合全面增强身体体质的实际要求

健美操和健身活动都是将健身作为主要的功能定位，在锻炼运动者的形体和体质等方面具有较高的契合度。在全面健身运动日渐普及和发展的现阶段中，高校体育教学和社会体育运动之间实现融合性的发展已经成为一种必然的发展趋势，打破高校体育教学"唯成绩论"的束缚，将教学目标设定为帮助学生树立终身体育思想，体现出了巨大的社会实用价值，符合增强国民体质的实际要求。

3. 满足培养学生综合能力的现实需要

从国家的竞争来看，其实际是人才的竞争，学生是国家发展建设的主力军。切实增强学生身体和心理等素质已经成为我国教育事业所要解决的实际问题。实现健美操教学和健身活动之间的融合，能够提高学生身体和

心理的素质水平；教学内容的新颖，教学模式的创新，能够帮助学生树立正确的审美价值观，满足培养学生综合能力的现实需要。

（二）高校健美操教学与健身活动相融合的原则

1. 教学内容以健美操为主

对健美操教学和健身活动的融合而言，因二者之间具有相同的教学元素，但是又各具优势，所以实现二者之间的有机结合对丰富体育教学内容起到了积极的作用。但是在二者进行融合的时候，需要对主次内容予以明确，不能盲目地扩大健身活动的内容，而过度减少健美操内容，仍然要将健美操教学放在主要位置上，对健身活动中的精华部分予以吸收。

2. 坚持循序渐进的原则

受到长期生活习惯的影响，我国国民的体质都出现了一定程度的下降，在对国民身体状况进行改善的过程中应坚持循序渐进的原则。在健美操教学和健身活动进行融合设计的时候，应保证身体的多个器官都能够得到锻炼，且动作内容尽可能地全面和多样，把控好动作的强度和节奏，切实保证整体动作的安全性和有效性，防止学生出现韧带拉伤等问题。

3. 注重理论和实践的结合

"实践出真知"，高校健美操教学和健身活动相融合还应注重理论和实践的结合。一方面，要加强对经典健美操和现代健身活动系统的理论教育，注重对基本动作的教学和练习，再对融合之后的新组合的健美操动作进行理论学习，使得学生能够对其实现较为深入的把握；另一方面，还要注重学生的实践练习，让学生在实践中体会到运动的快乐，最终实现体质的增强。

（三）高校健美操教学与健身活动实现融合的措施

健美操作为一种有氧代谢运动，通常情况下，一套健美操的时间在4～5分钟，通过对身体各关节、韧带、肌群和内脏器官施加合理的运动负荷，以此来有效地提高心血管、呼吸系统等机能，提高学生力量、灵敏、柔韧等运动素质，最终实现体质的增强。健美操教学和健身活动的融合可以从以下途径予以着手。

1. 健美操教学内容的编排融入健身元素

健美操教学与健身活动的融合最直接地体现是在教学内容编排上加入健身的元素。健美操运动强度适中，简单易学，制约条件较少，且健身效果十分显著，是学生进行体育锻炼常见的一种形式。为了适应全面健身运动的发展趋势，高校健美操教学应积极的吸收健身运动的元素，从而对自身的教学内容予以充实，如在对动作进行编排的时候，要凸显大众化的特点，将游泳、羽毛球、仰卧起坐等健身运动的代表性动作元素加入其中。除此之外，在保留健美操原有特色的基础上，从音乐、服装、教学模式等方面对健身活动的元素予以吸取。

2. 建立高校健美操教学和社会健身活动之间的交流平台

实现高校健美操教学和健身活动之间的融合，需要建立健美操教学和社会健身活动之间的交流平台，使得高校健美操教学向着社会化和实用化的方向发展，这是高校体育教学适应社会体育和融入其中的主要途径。首先，要充分利用社会健身活动的资源优势来开展高校健美操教学；其次，教师要鼓励学生深入社会实践中，积极参加全面健身活动，提高自身的健美操技能；最后，要依托社会健身条件建立大众健美操辅导员体系，和街道社区之间实现联合，为高校健美操教学的健康发展提供基础保障，培养学生终身体育意识。

3. 借助健身活动强化健美操节奏感训练

高校健美操教学和健身活动之间的融合还可以借助健身活动来强化健美操节奏感训练。一方面，为了能够让学生加深对健美操节奏的理解和感受，能够对不同类型的音乐实现准确的区分，在日常的教学过程中，教师可以以慢跑活动为案例，解析音乐节奏和动作节奏之间存在的内在联系，在强弱和快慢节奏下的肌肉的具体用力情况，从而使得学生形成动作节奏的概念，在健美操的学习中将音乐和动作融为一体。另一方面，还可以在健美操音乐的伴奏下进行力量、速度、柔韧、灵敏以及耐力等身体素质的训练，如在节奏感强烈的音乐伴奏下进行俯卧撑练习。

4. 高校体育教师和社会健身教练之间的融合

要想实现高校健美操教学和健身活动之间的有效融合，除了通过以上途径之外，还应注重高校体育教师和社会健身教练之间的融合，从而加强师资队伍力量。目前，健身活动在国内外深受欢迎，已经有很多爱好者进行了专门性的学习和培训，因此，在高校体育教学中可以适当地引入一些专门的健身教学人才。另外，高校还应对内部的体育教师进行必要的培训，让健美操教师对健美操和健身活动的开发和发展实现正确且系统的了解，最大限度地提高教师的积极性和主动性，进而提高高校健美操的教学质量。基于此，在推进健美操教学和健身活动相融合的过程中要强化教师队伍的团队合作能力。

总之，健美操教学和健身活动相融合具有一定的可行性，二者都以健身作为主要的功能定位，同时还具有较好的运动美和韵律美，健美操是社会大众广泛喜欢和接受的一种健身运动形式，二者之间存在一定的互补性。健美操教学和健身活动之间的融合，要借鉴火热吸取健身活动中的相关元素，在教学内容的设置上要凸显大众化的特征；同时让学生积极地参与全民健身的活动实践，坚持循序渐进的原则，将增强体质作为目标。

三、全民健身背景下的高校健美操教学内容的具体创新

（一）突出课程的健身性

众所周知，全民健身的最终目标是要通过一系列体育运动训练提升全民的运动能力和身体素质，从而推动全民身体健康。诚然，要想在高校健美操教学中渗透全民健身理念，教师必须不断优化教学内容，突出课堂教学的健身性特征。因此，教师要在课程中加入一些新兴、时尚且健身价值非常高的健身课程，以满足大众的健身需求。例如，中国风、FOC、PINK 等课程都是备受学生欢迎的健美操课程，其动作简单易学，节奏感十足。总之，高校健美操教学内容理应加入一些健身价值较高的教学内容，完善教学内容体系，促进全面健身发展。

（二）注重运动的提升

全民运动的终极目标是全民身体素质的提高，而不仅仅是某部分人运动能力的提升。所以高校健美操教育一定要适应全民运动的大趋势，适当更改陈旧的教学方案以适应新形态下的新趋势。例如，增加新的教学课程，中国风，FOC 等；增加简单易学的运动动作使更多的学生能更好地加入运动中来，体会到运动的快乐。同时，高校的健美操内容一定要有一定健身性的内容，积极构建全新的教学体系，不断推进高校运动课程机制改革与创新，为全民运动的到来提供强有力的保障。

（三）注重大众元素的植入与融合

在全民健身运动的影响下，高校健美操教学与社会大众健美操运动之间建立起密不可分的内在关联。高校健美操教学既是大众健美操运动所需人才的培养基地，同时对于大众健美操运动的发展具有重要的推动与保障作用。而大众健美操运动是高校健美操教学效果的检验场所，对于高校健

美操教学发展趋向的确定具有重要的导向作用。而确保此内在关联形成的必要条件在于教学内容的创新，从一定意义上讲，教学内容是沟通高校健美操教学与大众健美操的重要媒介。学生只有在校学习期间充分接触健美操运动，了解其特征，把握其实质才能构建起与大众健美操运动相适合的素质与能力体系。这就要求在健美操教学内容的重新选用过程中，必须加强对大众健美操运动元素的引入，并结合高校健美操教学的特征，构建起全新的教学内容体系，为促进高校健美操教学与大众健美操运动的有机融合，提供必要的保障。

总之，全民健身理念已深深扎根于人民的心中，高校的体育教学也应该顺应时代，将健美操更好地融入高校体育教学中来，不断地优化教学内容，给学生提供更好的学习氛围和学习体验，借助健美操教学推动全民健身运动科学、良性发展。

第五章　高校健美操教学模式分析与实践创新研究

第一节　高校健美操教学传统模式分析

一、高校健美操教学模式的概念

"模式"一词，英文是 Model，原义是"模式""模型""典型"等。一般来说，通常将"模式"理解为对某种事物或现象的存在及运动方式进行抽象分析后得出的理论概括，是一种简化的理论描述。体育教学模式是体现某种教学思想或规律的体育教学活动的策略和方式，包括相对稳定的教学群体和教材、相对独特的教学过程和相应的教学方法体系。体育教学模式是体育教学改革的主要内容，是理论化教学方法的系统概括和总结，它既是理论系统的具体化，又是教学经验的系统概括。一个成功的教学模式具有双重功能，一方面，它表达一种教育教学思想或教育教学理论；另一方面，它提供了如何最有效地达成既定教学目标的程序和策略，具有相对稳定性，包括相对稳定的教学群体和教材、相对独立的教学过程和相应的教学方法体系。虽然每一个健美操教师的教学活动是具体的、有特定课堂内容的、有自己的教学特色的，但并不能摆脱深层教学模式的普遍规定性。理想的健美操教学模式具有相对的稳定性和微观的灵活性，是共性和个性的统一体现。一个新的教学模式的建立，必须要有它的立足点或依据。根据日本学者广岗亮藏的观点，最优化的教学模式是依据教学目标、教材和学习者发展水平这 3 个变量构建的。新的教学模式是在旧的教学模式基础上诞生的，它是对旧的教学模式的摒弃，因此，教学实践不能为了模式而模式，而是为了提高教学质量，从实际出发，办出有特色的教学模式，这样的教学模式才会有生机与活力。

二、高校健美操教学模式的构成

体育教学模式指的是在一定教学思想或者教学理论的指导下，建立起来的较为稳定的体育教学活动结构和活动程序。它由教学指导思想、教学过程结构和相应的教学方法体系三要素组成。其中，教学过程结构是支撑教学模式的"骨架"；教学方法体系是填充教学过程的"肌肉"；教学指导思想则是连接二者的桥梁，起着协调和指挥的作用，相当于"神经"。

体育教学模式有分组教学模式、分层教学模式、合作教学模式、学导教学模式、情景教学模式、竞赛教学模式等。教师在授课过程中选择合适的教学模式是提高教学质量、完成教学任务的最佳方法。高校体育健美操教学的教学模式必须遵循这一方法，利用合理的教学模式最大限度地激发学生的兴趣和潜力，为健美操的发展培养后备人才，进而促进全民运动的发展。

三、高校健美操教学模式的理论基础研究

从哲学上讲，理论指导实践，而实践是检验理论正确与否的唯一标准。教学理论是前人通过对教学经验的不断积累、萃取、升华而形成的具有导向作用的认知体系。它在引导和规范教学行为方面有积极的作用。健美操作为高校公共体育的热门课程，其理论对大学生来说更具指导价值，它不仅可以促进健美操在大学生中的开展，而且对健美操的发展也具有深远的意义。

（一）健美操的实用理论

实用理论是指关于使用价值的理解和论述，是人们依据现有知识，通过相关的演绎与推理，形成对事物实际应用价值或效果进行合乎逻辑的推论性总结。它强调的是实际效果，追求使用价值，是实现行为价值最大化的重要导向与保障。高校体育教学是根据社会发展目标确立的，公共体育也不例外，其目的是为了促进高校体育与社会体育之间形成适应性与融合性的发展模式。在公共体育中，健美操深受学生喜爱，教师在对学生授课时要做到"授人以鱼，不如授人以渔"，通过课堂教学让学生在课后依然能够对所学的健美操知识运用自如，这要求教师在教学内容及教学方法上尽可能地采用实用的理论来进行教学。因此，为了教学目标的实效性，在课堂上以实用理论为基础，是很有必要的。目前，我国体育态势一片大好，高校体育教学不再仅仅停留在应付考试、锻炼身体上，而是将"实用"作为人才培养的核心，希望通过健美操的学习，利用所学知识影响更多的人，促进健美操的发展，让健美操深入人心。由此可见，以实用理论为导向而确立健美操教学目标更具实效性和使用价值。

（二）健美操的创新理论

创新是推动社会发展进步的原动力，也是推广体育项目不可或缺的一部分。创新理论的创始人约瑟夫·熊彼特教授表示，创新是指把一种新的生产要素和生产条件的"新结合"引入生产体系。这是熊彼特教授创新理论的核心思想。现在，创新理论早已从最初的经济领域覆盖到社会各个领域。健美操不仅具有竞技性，还具有观赏性，因此，不仅在健美操的操化动作上需要创新，在教学手段上更需要创新，坚持创新理论，创新原则，不断增加健美操的独特魅力。

（三）可持续发展理论

可持续发展是科学发展观的基本要求之一，最早出现在 1980 年联合国环境规划署委托国际资源和自然保护联合会（国际自然保护同盟）编纂的《世界自然资源保护大纲》中，但实际上，可持续发展的理论可以运用的领域很大。可持续发展理论强调事物或社会在发展的过程中要始终保持延续性与创新性的发展态势，既要满足当代人的需求，又不能对后人满足其需求的能力构成危害。高校公共体育教学对培养学生体育素质能力、提高健康水平，为大学生的全面发展打下坚实基础有着积极作用。随着国家不断对体育发展进行战略调整，为社会体育的发展培养、输送所需人才已成为主要发展方向，这对促进全民健身的开展也有积极作用。体育的终身性特征要求高校体育教学既要确保自身职责，又要肩负起对终身体育思想的传承与发展的任务，因此，高校体育教学应以可持续发展为导向来确立全新的发展目标，确保实现健康、持久的发展。公共体育健美操教学不仅要满足现代大学生对公共体育健美操课程的需求，还希望学生在课程结束后学生对健美操有更深的认识，从而促进健美操的普及和发展。

第二节　创新思想下高校健美操教学模式实践创新研究

一、高校健美操教学中快乐体育思想的实践

（一）快乐体育的教学思想概述

1. 快乐体育的定义

快乐体育是指从情感教学入手，以对学生进行身体的、人格的、心理

的教育为目标的一种体育教育，是十分重视爱和美的教育及各项运动所独具的娱乐教学方法。快乐体育强调学习乐趣与创造学习，不仅把运动和情感作为实现教学目标的手段，而且视为直接目的。因此，快乐体育能激发学生的体育兴趣，满足学生的学习愿望，有利于培养学生自我教育能力与完美的人格，为终身体育奠定基础。快乐体育是以学生的情感、体育、人格需要为出发点，把学生的学习动机建立在自身愿望、需求和社会责任感上，在身体锻炼中把乐趣和学习的成功体验作为追求的目标之一，以浓厚的兴趣、顽强的意志、适宜的方法来调节自己的体育学习兴趣和锻炼行为，从而使教学过程充满快乐、愉悦、和谐的情感与氛围。在这样的教学氛围中，学生既乐于学，又知道学习的目的和意义，自觉主动地发展体育能力和张扬个性，增强体质和智力，培养良好的思想道德品质。

2. 快乐体育的特点

（1）在教学指导思想上，以全面育人为出发点和归宿，面向终身教育，从情感教学入手，强调乐学、育体与育心相结合，使学生能在师生间、学生间亲密无间、和睦融洽的环境中锻炼身体，使学生身心得到全面和谐的发展。

（2）在教与学的关系上，学生要真正成为课堂的主人，教师既关爱和尊重每一名学生，又善于引导、启发学生，做到教师的主导和学生的主体相结合，使课堂教学成为教与学的双边良性互动。结果是教师乐教，学生乐学。

（3）在教学理念上，强调学校体育必须是快乐的、终身的体育，必须情感交融和身体发展并举，体育教学应是融认知、情感和身体发展为一体的教学。

（4）在教学组织和方法上，要"严而不死""活而不乱"，既要有严密的课堂纪律，又要有生动活泼的教学氛围；主张启发式的创造教学，反对注入式的模仿教学；强调教法的灵活多样性和学法的实用有效性，不断提高课堂教学质量。

（二）高校健美操教学中快乐体育教学模式的构建

1. 快乐体育教学模式构建在高校健美操教学中的意义

（1）激发学生的学习兴趣。

兴趣是引导学生参与到体育理论学习和体育运动活动中的最大推动力和内驱力，也是培养学生形成日常体育锻炼习惯和体育运动基本能力的重要因素。构建快乐体育教学模式是构建一个轻松融洽的课堂气氛，营造一个师生共同参与、共同进步的课堂教学环境，能够使学生在轻松的氛围内进行健美操学习，使枯燥沉闷的动作学习内容和过程变得有一定的趣味性和吸引力，充分调动学生的学习热情，在健美操的学习中舒畅身心。同时，体育教学中的因材施教原则要求教师关注了解每一个学生的学习情况，使每一个学生都感受到教师的关爱，促使学生更愿意参与到教学活动中，提高学生对健美操学习的兴趣与热情。

（2）突出学生的主体地位。

目前，高校健美操教学中通常采用的教学方法是教师为主导的理论知识的讲解和动作的示范。学生只需要听教师的讲解，然后进行模仿，课堂气氛通常沉闷、枯燥无味，难以真正起到激发学生健美操练习的兴趣、提高健美操技能的作用。快乐体育教学模式的构建就是将课堂教学的主体交还给学生，在课堂上注重激发学生的主观能动性，给学生自主学习和自主创造的机会和时间，有效地调动了学生的学习积极性和创造性思维，使教学效率和教学质量都有效提升。

（3）培养学生的积极心态和愉悦心情。

健美操是一项具有很高趣味性但不具有身体对抗性的体育运动，对愉悦身心和提高身体素质具有很大作用，因此，对学生来说具有很大的吸引力。构建快乐体育的教学模式使学生从健美操的学习中体会到身体的放松和锻炼过后的愉悦感，同时从健美操动作的练习、完成和学会了较困难的动作之后获得的一定成就感，这对学生积极心态和良好心理素质的完善都产生积极的作用。

2. 高校健美操教学中快乐体育教学模式的构建措施

（1）以学生为主体建立融洽的师生关系。

现代教育理念中，学生是教育和教学的主体。健美操具有十分明显的双向性和复杂性，教师需要与学生共同完成健美操理论知识的学习和动作的练习，最终完成完整的健美操实践。教师在教学中，为了让学生更好地接受健美操理论和技能的学习，教师需要与学生进行反复沟通和交流，探讨练习中出现的问题和解决方案。因此，建立师生之间融洽的关系，营造和谐的师生关系显得十分重要。另外，健美操的教学是教师与学生直接面对面进行的，教师能够直接感受到学生的学习态度、状态和学习效果，同时，学生也能直接接收到教师的教学语言和教学行为，从而影响自己的学习状态。因此，教师需要将学生作为教学主体，构建轻松的课堂氛围。

教师在教学中需要改变传统的单向导向性教学，将自己作为参与者与学生共同对健美操的内容和编排进行选择和设计，将健美操与学生感兴趣的内容，比如舞蹈等相结合，使健美操内容更符合学生的兴趣。教师在教学中需要用适合学生年龄特点的、幽默风趣的语言吸引学生的注意力和学习兴趣。同时，用科学的教学方法使学生产生共鸣感和认同感，认可健美操的运动理念和对自己的积极作用。在教学中不仅仅要有教师的教学，更需要有学生的创造。教师需要鼓励学生在学习中发挥自己的想象力和创造力，将自己的创新加入健美操中，产生新的健美操动作，教师在鼓励学生创新的同时可以整合全班学生的创造形成具有班级特色的健美操，使学生更愿意参与到健美操的学习中，增强学生健美操学习的自信心。

（2）选择适合大学生的教学内容。

高校健美操教学中快乐体育教学模式的构建，关键点是教学内容的合理选择。随着互联网的发展，信息渠道和媒介的增多，大学生的思想和精神往往更加开放独立，更加追逐自由而不是被束缚在枯燥的教学中。同时，由于互联网资源的丰富性，当代大学生的审美能力和审美标准也大幅度地提高。因此，教师在编排健美操的动作和教学前，需要充分了解和考虑学生的个性特点和兴趣需求，结合适合的资源，如街舞、现代舞元素创造能够有效表现出大学生青春活力的健美操教学内容，满足大学生的审美需求，这样能够更快速地吸引学生的注意力，使学生更加积极地参与到教学中。

（3）采用分层教学法。

每一个学生的身体条件、兴趣爱好和学习能力不同，在健美操学习中的接受能力和动作掌握能力都有所不同。在教学中，教师需要因材施教，根据不同特点的学生开展不同的教学方法和教学评价，尊重每一个学生的学习信心。教师在对班级学生进行深入了解和分析之后，根据学生的身体素质条件、兴趣爱好等进行分组，制定不同的教学策略和评价标准，使每一个学生都能够感受到健美操学习的乐趣，避免出现身体条件较好、学习能力较强的学生认为过于简单而不用心学习、身体条件较差的学生认为太难而产生消极心理的情况。

综上所述，高校健美操教学中快乐体育教学模式的构建，是目前素质教育理念的体现，也是顺应时代潮流和学生学习特点的表现。快乐体育的教学模式能够有效地激发学生的学习兴趣，达到强身健体的教学效果。同时，还在体育锻炼中增强了学生意志品质，激发了学生对体育运动的兴趣，促进了学生综合素质的发展。

二、高校健美操教学中终身体育思想的实践

(一) 终身体育思想概述

终身教育的倡导者保罗·朗格朗为终身教育下的定义是："所谓终身教育是指一系列非常特殊的观念、实验与成就；换言之，以其最完整的意义而言，教育包含了所有各个层面与方向，从出生到临终未曾间断的发展，以及各个不同的点与发展阶段之间非常密切且有机的关系。"终身教育思想是一个发源于古代，在人类历史发展过程中不断丰富，在现代得到提倡的重要教育思想，这一思想在现代的传播有其深刻的历史和社会原因。终身教育思想的主要观点包括从胎儿到坟墓的人生全程教育；超越学校围墙的教育。终身教育的学习方式：自我导向学习和无所不包的学习内容。终身教育的目标：完善的人和和谐的社会。终身教育思想的产生和传播有其重要的历史和社会意义，终身教育不但使教育成为有效、公正、人道的事业，而且引发和推动教育思想观念的巨大变革，指导和促进教育实战体系的创新与发展。

终身教育思想的主要观点有以下几点。

1. 从胎儿到坟墓的人生全程教育

对于一个人的学习应当从什么时间开始到什么时间结束，人类在不同的历史时期产生过不同的认识。在我国民间，不愿意让孩子过早地接受教育，甚至认为人的智力是个常数，越早开发利用就越早枯竭的想法并不少见。"人过40不学艺"的说法也反映了在农业经济时代，社会发展的缓慢使人们不需要持续学习的认识。而终身教育则认为，学习在时间上是人一生持续的活动，学习将从胎儿时起，伴随人的一生，直至个体走向坟墓。这一点在终身教育思想家们的论述中是共同的和十分明确的。

"所谓终身教育是指一系列非常特殊的观念、实验与成就；换言之，以其最完整的意义而言，教育包含了所有各个层面与方向，从出生到临终未曾间断的发展，以及各个不同的点与发展阶段之间非常密切且有机的关系。""终身教育的时程'贯穿个人的一生'。"英国的贾维斯指出，"终身教育是指一系列有计划的活动，在人文主义的基础上，引导个人在人生任何阶段参与学习及理解"。

既然教育是终身的，它就必然超越了人们在以往实践中形成的"教育＋工作"的学习和生存模式。传统的教育模式认为，青少年时期接受教育，成年后从事工作，在人的一生中学习和工作在时间和空间上是分开

的。而在现代社会中，从其基本的和发展的需要上看，成年人的工作和生活都是不可能离开教育和学习的。显然，这种人生划分已明显不适应当代社会飞速发展的现实，"教育＋工作"模式被各种终身教育模式、终身学习模式所替代也就成为必然。

人是未完成动物的心理学研究，为教育要持续人的一生的教育理念提供了最直接的理论支持。当代心理学研究表明，人类个体是带着大量潜能来到这个世界上的。作为人的本质特性，社会性和实践性在个体出生时仅仅是一种潜在的可能，而不是现实。也就是说，人能否成为一个真正意义上的人，是在其遗传基础上通过社会生活和实践才能够逐步实现和完成的。人的出生在一定意义上只标志人的存在，而个体在后天社会生活中的学习和实践活动才使他成为真正意义上的人。

"个人的整个一生只不过是使他自己诞生的过程；事实上，当我们死亡的时候，我们只是在充分地出生。"弗罗姆的论述最精辟地表达了这种观点。

2. 超越学校围墙的教育

教育既然在时间维度上贯穿人生从胎儿到坟墓的全过程，在空间上也就必然超出现有学校的围墙，延伸到社会生活的各个领域和各个方面。在这一点上，教育学家们都有相当充分的论述。

"教育，如果像过去一样，局限于按照某些预定的组织规划、需要和见解去训练未来社会的领袖，或想一劳永逸地培养一定规格的青年，这是不可能的了。教育已不再是某些杰出人才的特权或某一特定年龄的规定活动：教育正在日益向着包括整个社会和个人终身的方向发展。"

"教育现在是，而且将来也越来越是每一个人的需要，那么我们不仅必须发展、丰富、增强中小学和大学，而且我们还必须超越学校教育的范围，把教育的功能扩充到整个社会的各个方面。……所有部门——政府机关、工业交通运输——都必须参与教育工作。"

"社会作为一个整体将有更重要的教育作用。"

当教育超越了学校的围墙，展现在人们面前的它和它的体系就有了非常鲜明的特点。首先，实施教育的渠道和方式是多元且具有弹性的。上海的学者就依据上海市的教育资源情况，提出了疏通终身教育十大渠道的设想，包括统和各种办学力量，建立"教育超市"，鼓励社会力量办学，高等学校和高等职业技术学院建立"回归制度"等。其次，教育体系涵盖正式教育、非正式教育和非正规教育。全面整合教育资源，将家庭、社会和学校教育统一起来。终身教育打破了原有教育体系的围栏，甚至提出了在一个空前要求教育的时代，人们所需要的不是一个体系，而是"无体系"的思想。

3. 自我导向学习

教育已成为贯穿人一生的活动，教育已超越了学校的围墙，那么谁对个人的教育真正负责呢？只有伴随个人一生的自己。因此，终身教育一个重要的理念就是自我导向学习。

所谓自我导向学习包含两个基本含义：其一，强调学习主体本人对学习负有大部分的责任；其二，学习者本人要知道如何学习，也就是要学会学习。在自我导向学习中，学习不再是社会或其他成员外部施加强制力的产物，而是学习者自主选择的活动。学习者在学习的过程中逐渐养成良好的学习态度、学习动机和方法，能够根据自己的兴趣和发展可能性设定学习目标、学习策略，自己选择教育资源、安排学习活动甚至自己进行学习评估。这样，学习者在离开学校之后就能够终身有效地进行学习。

"未来的学校必须把教育的对象变成自己教育自己的主体。受教育的人必须成为教育他自己的人；别人的教育必须成为这个人自己的教育。这种个人同他自己的关系的根本改变，是今后几十年内科学与技术革命中教育所面临的最困难的一个问题。"

"我们今天把重点放在教育与学习过程的'自学'原则上，而不是放在传统教育学的教学原则上。"

"新的教育精神使个人成为他自己文化进步的主人和创造者。自学，尤其是在帮助下的自学，在任何教育体系中，都具有无可替代的价值。"

"学会如何学习，这不仅仅是另一个口号。它是指一种特殊的教学方式。"

当全社会都在为学习者提供各种学习机会，学习者能够自主对学习进行选择的时候，学习也就从目前的高度统一化、标准化中解放了出来。在终身教育的社会中，每一个社会成员在接受社会所提供的义务教育之后，可以根据自己的学习基础、发展倾向、自身条件、社会选择等多个方面确定自己的学习方向、学习内容和学习途径，并监控自己的学习过程。不同的学习者，在学习的内容结构、途径等方面都有所不同。终身教育使学习具有了高度个别化的特点。

4. 无所不包的学习内容

终身教育在教育内容方面的主要观点体现在无所不包的内容广度上。从促进人的全面发展的终身教育目标出发，终身教育的内容远远超过了目前人们所熟悉的教育内容体系。从学习新的科学文化知识和各种新的职业技能，到学习社会的伦理道德规范、发展学习者的身体和心理健康；从学习如何建立良好的人际和社群关系，到学习各种艺术和在生活中体现的文化；从学习如何对待工作和生活，到学习如何面对困境和死亡；等等，终身教育的内容可以说是无所不包的。终身教育从这个意义上可以说是没有界限或边界的教育。

决定终身教育在内容方面无所不包特性的因素主要有三个方面：其一，终身教育以培养完善的人作为教育目标，而完善的人所需要的全部学习内容就必定包含在终身教育的内容体系之中；其二，终身教育是持续人的一生、伴随人的一生的教育活动，而人在一生中所产生的学习需要和需要学习的内容是相当广泛和丰富的；其三，终身教育不是社会少数成员所独享的教育，而是面向全体社会成员的教育。不同社会成员会由于其个人潜能、发展趋向、社会职业等方面的差别，对教育内容有不同的需求，因此，现行狭窄的、比较单一的教育内容体系在终身教育的背景下一定会发生彻底的变化，教育和学习内容多样性的时代一定会到来。

5. 完善的人与和谐的社会

教育作为人类自觉的社会活动，在人们从事它们的时候都有其明确的目的，终身教育也不例外。终身教育的目标作为终身教育实践的引导和依据，对终身教育的实践方向有着重要的影响作用。

在终身教育目标的认识上，教育家们有过不少精彩的表述：

"终身教育的目的不仅在社会化，更在'再社会化'。所谓再社会化是指在面临人生许多转变的阶段时人们会改变'效忠、知觉和习惯'，以重新适应一个新的情境。在长期不断的社会化和再社会化之后，终身教育至终的目的，在于帮助个人达成'完满的发展'。"

终身教育实现"解放、自我实现、自我完成"的理想。

终身教育"被视作为一个社会持续社会化历程的一部分"。

终身教育的目标可以从个体成长和社会发展两个方面来加以限定。从个体发展的角度看，终身教育的目的在于帮助个人不断适应社会生活的变迁和完成其社会化的过程，使每一个社会成员成为一个完善的人；从社会发展的角度看，终身教育的目的在于完成社会的改造与发展，使社会在全体成员不断学习的基础上更加快速、有效、和谐、圆满地得到发展。如何谋求个体和社会健康而圆满的发展、建立学习化社会就成为终身教育的一个长远和终极理想。在这样的社会中，每一个人都是学习的个体，每一个家庭都是学习的家庭，每一个组织都是学习的组织，学习成为社会的中心。整个社会在学习中发展，在发展中学习，学习和发展融为一体，使个体和社会都得到最完满的成长与发展。

（二）健美操教学与终身体育

1. 培养终身体育习惯的重要性分析

体育教学的一个重要目标是保证学生能够积极参与到各种教学活动中，并形成自觉锻炼的习惯，从而保证学生能够养成终身体育习惯。学生终身体育习惯主要包含健康意识、体育知识和体育技能三个方面。首先，拥有健康意识。这里的健康不仅是保证人体没有疾病，而且要身体和身心双重方面的健康，保证学生能够更好地适应社会，有积极参与各种体育活动的兴趣和爱好，并通过多样化的体育运动，选择适合自己运动的体育项目，最终形成自觉的健身锻炼习惯。其次，体育知识主要包括了生理卫生常识、体育人文性常识和体育锻炼常识三方面的内容。最后，体育技能是指学生应该在学会多种基本体育运动技能的基础上，熟练掌握两种以上的健身锻炼基本技巧和方法，保证能够科学地进行锻炼，从而提高自身锻炼的能力。

体育运动是保持人体机能和体能处于最佳状态，增强人们体质的有效手段。在人的一生中必须合理选择不同形式的体育运动项目和形式，以增强体质，延缓衰老。而终身体育是提高身体健康最有效的方式，由于人的身体健康并不是保持一成不变的，体质增强和变弱在某种情况下是可以相互转化的。大学生的学习压力和就业压力很大，如果没有健康的体魄和健康的心理，将会严重影响到学生完成学业以及未来的就业和生存。终身体育习惯的培养，不仅要在技术上达到一定程度，更重要的是让学生懂得体育运动对人体健康的重要性。有一个健康的身体才能将所学知识应用到工作和生活中。培养学生的终身体育习惯，引导大学生追求高品质健康生活，是高校体育教学发展的趋势。

2. 健美操教学中的终身体育意识的培养

（1）培养和激发学生学习健美操的动机。

动机是推动和指引人们从事某种活动的内在动因。首先，教师要从激发需要入手。学生对运动没有需要，便无法形成积极的运动动机。教师在教学中要强调健美操特有的审美价值，突出其改善形体、娱乐身心和展现自我的功能，以激发学生参与这项运动的动机，使其积极自觉地、主动地参加体育锻炼，从而变被动为主动，慢慢养成习惯。

（2）重视学生体育兴趣的培养。

子曰："知之者不如好之者，好之者不如乐之者。"兴趣是最好的老师。有了兴趣，学生自然会不断进取。那么，怎样才能培养学生的体育兴趣呢？

①选择合适的教学内容。

健美操的内容非常丰富，在教学中要根据学生的情况选择合适的练习内容。可以选择一些简单、有趣或好看的动作组合成热身操，还可以安排一些简单的爵士操和搏击操来丰富教学内容。

②选择恰当的音乐。

音乐是健美操的灵魂，练习者听到旋律优美的音乐及强劲的节奏之后，会产生情感的联想，会产生一种想参与、想活动的跃跃欲试的激励作用。因此，要选择轻快、优美的，热情、奔放的，或深厚、沉稳的音乐来进行练习。并且，在练习过程中，随着动作、节奏的熟练，一个练习组合可以用不同的音乐，从而既提高学生的练习兴趣，还训练学生的乐感。

③选择灵活多变的教学方法和手段。

虽然健美操动作丰富，又有音乐刺激，但在教学过程中，如果教学方法和手段单一，总是单调地重复，学生慢慢就会乏味、疲劳。在教学初期学习基本步伐时，首先做简单的手臂动作，当有一定基础后，加上一些手臂变化，这样学生就会觉得眼前一亮；当基本步伐学到一定程度后，可以进行步伐比赛，看谁反应快；在音乐伴奏下，老师说出步伐名称，学生马上做出相应的动作，这样既能巩固基本技术，又能调动练习积极性。在学习组合动作时，老师应先讲解示范动作，让学生模仿；学习一段时间后，老师就不讲解，只示范，让学生观察学习模仿，老师根据情况做一些提问，这样既能提高学生的观察自学能力，又能激发学生的练习热情。后期老师安排分小组编排动作，学生以组为单位反复看视频练习，一起讨论、练习，再看、再讨论、再练习，比一比哪一组学得好。这样一步一步地，学生始终精神饱满地进行练习，学习能力会越来越强。

④培养自主学习能力。

自主学习是指在教师的指导之余，学生自觉、主动、积极地获得知识、掌握技能，这是一种"自我监控、自我指导、自我强化"的学习。有了这种能力，学生今后就能更好地进行体育锻炼，养成体育锻炼的习惯。首先，要教会学生看图，再在教学过程中逐渐教会学生看视频练习，提高学生自学动作的能力。其次，给学生提供合作练习机会。在课中安排分组练习，提高学生观察、相互纠错、相互学习的能力以及交际能力。最后，培养学生的创新能力。在教学后期，以小组为单位，让学生把学过的动作组合编排进行队形变化，然后以小组为单位进行表演，看看哪组变换得更好、更巧妙。这就要求学生开动脑筋，积极思考，从而提高学生的创新思维能力和练习兴趣，也为今后从事健美操运动打下基础。

（三）高校健美操教学中培养终身体育运动习惯的途径分析

1. 培养学生体育意识和兴趣，逐渐养成运动习惯

体育兴趣和体育锻炼目标往往是学生养成终身体育习惯的第一动机。这就要求高校在体育教学过程中把学生运动兴趣培养放在第一位，不断培养学生的运动习惯，并将其作为体育教学的重要任务。高校体育教师在指导学生进行健美操练习过程中，应该充分挖掘学生对体育运动的兴趣和爱好。不管是讲解示范教学还是组织学生训练，都要注重吸引学生的注意力，引起学生的兴趣，促使学生积极主动参与到课堂教学中，保证让学生在健美操练习过程中充分突现个性，让学生感受到参加体育运动对自身身体素质提升的作用，从而激发学生连续参加体育运动的动机。培养学生体育意识和自觉锻炼的行为习惯已经成为高校培养学生终身体育习惯的教学目标。体育锻炼贵在坚持，要让学生提高对体育锻炼重要性的认识，明确锻炼目的，提高体育活动的自觉性，做到生活有规律，锻炼科学化、规范化和经常化，从而帮助学生养成终身体育锻炼的习惯。

2. 提高学生对音乐节奏的把握能力

音乐是健美操的灵魂，健美操教学如果离开了音乐，整个技术体系就失去了活力和兴趣。健美操不仅是动作拥有丰富的美感，音乐的内在美也伴随其中。学生在练习过程中，如果能将音乐所要表达的音乐美感表现出来，才是动作和音乐的完美统一。因此，在日常教学过程中，健美操教师不仅仅要教会学生动作，还要在课程内容中融入音乐知识讲解，有针对性地讲解一些不同节奏音乐的特点，在练习中要求学生数清音乐节拍，跟着节拍练习动作。教师还要利用课余时间多放一些节奏感比较强的音乐，逐渐培养学生对音乐节奏的把控能力，培养学生的音乐鉴赏能力，增强学生的音乐认知能力。在优美的音乐伴奏中，学生动作会更加协调和优美，这种美感是发自内心的，能够不断加深学生对健美操的喜爱程度，保证学生积极融入课程中。

3. 重视学生的个体差异，做到因材施教

在教学过程中，教师一定要充满活力，技术动作要规范，用优美的肢体语言，良好的气质去引导和教育学生。同时，还要注重学生个体之间存

在的差异性，做到因材施教。在课堂教学中要根据学生的个体差异性，对教学内容和课程时间进行适当调整。很多学生对健美操兴趣浓厚，但是学习信心和积极性不强，不能正确认识自我优势和特点，在学习过程中总感觉自己技不如人，在课堂上表现为害羞、胆怯。面对这种情况，教师应该帮助学生了解自身的优势和特点，鼓励学生放松大胆地去做每一个动作。教学要从简单到复杂，一步一步开展，让学生有兴趣去练习。针对曾经接触过健美操的学生，可以适当增加健美操动作，鼓励学生创新健美操动作，并教会学生更多的基础动作和知识，为学生终身体育习惯的形成奠定坚实基础。

4. 营造良好的学习氛围

健美操是一种动感强烈、有活力的体育运动项目，良好的学习氛围对提高学生整体水平十分关键。教师不仅要具备专业技能和知识，还应该具备丰富的审美能力和鉴别能力，要及时发现学生练习过程中存在的动作差错，并及时纠正，还要全面了解学生的心理变化，积极引导学生学习。在教学中，总会有一些学生不愿意去表现自我，害怕别人嘲笑，在课堂上表现为不愿意练习，不愿意单独做动作。对于这些学生，教师除了个别辅导之外，还可以让其他学生带动其一起学习，在班级上营造一个互助的学习氛围，保证每一个学生都参与到课堂教学中。

总之，高校健美操教学培养学生终身体育运动习惯应该从学生的实际需求出发，注重学生主体地位的体现，不断提高学生学习兴趣和参与积极性，帮助学生在大学阶段逐渐形成终身体育意识。

第三节　信息化背景下高校健美操教学模式实践创新研究

在科学技术不断发展和进步的当今社会，互联网信息技术在教育领域的应用越加广泛，对我国高等教育改革产生了重要影响。基于信息技术在教育领域中的应用，积极探索信息化时代教育改革全新发展方法，促进教育事业的现代化建设和发展，对高校人才培养工作的科学化开展产生了重要影响。所以，在信息化背景之下，结合多媒体、微课等教学模式，对高校健美操教学进行改革和创新，以促进高校健美操教学模式的多元化，进而提升高校健美操的教学效果。

一、信息化背景下高校健美操教学中多媒体教学模式的应用

（一）多媒体技术概述

媒体是指信息传递与存储的技术和手段，即信息的载体，如声音和图像等。

1. 多媒体

从不同的角度出发，对多媒体会有不同的描述。从字面上理解，多媒体就是多种媒体，但是，它常常又是与计算机紧密相关的，所以，多媒体主要是指计算机处理信息的多样化。由于处理信息的程序、过程或活动也可以视为媒体，这样，计算机、电视机等都算是多媒体的工具。因此，从广义上来说，多媒体是一个领域，是指与信息处理有关的所有技术和方法，包括广播通信、家用电器、印刷出版等；从狭义上来说，多媒体是利用计算机传递的文本、图形、图像、声音、动画和影视信息的集合。

到目前为止，对于多媒体尚未有准确的定义。总之，我们生活中所说的"多媒体"，常常与信息媒体有关，包括信息本身、信息获得、信息存储、信息处理、信息输出等一系列与信息有关的所有技术和方法。在健美操教学中的多媒体则是多媒体广义上的体现，包括多媒体课件的制作、演示，多媒体工具及工具的使用等。健美操教学中多媒体的使用是现代教育技术发展高水平的体现，是与传统教学模式区别的重要标志。

2. 多媒体辅助教学

多媒体教学是指在教学过程中，根据教学目标和教学对象的特点，通过教学设计，合理选择和运用现代教学媒体，并与传统教学手段有机组合，共同参与教学全过程，以多种媒体信息作用于学生，形成合理的教学过程结构，达到最优化的教学效果。在健美操教学中，采用多媒体辅助教学的方式主要有两种：一种是在理论课教学中采用多媒体课件的形式教学，另一种是在实践课中运用多媒体组合设备辅助教学。

（1）多媒体课件。

多媒体课件，简单来说就是教师用来辅助教学的工具，教师根据教学内容和学习者的不同要求，先从总体上对信息进行分类组织，然后把文字、图形、图像、声音、动画、影像等多种媒体素材在时间和空间两方面进行集成，使它们融为一体并赋予它们以交互特性，而设计制作的辅助教

学的课件。在教学过程中使用多媒体课件，教师积极参与交互，使教师随时地以己之长，补计算机之短，以计算机之长，补己之短。教师通过计算机直接接触学生，而且是更加高效地接触学生，提高了课堂效率，增加了学生的听课效果。

（2）多媒体组合设备。

在健美操实践课教学中，健美操教师根据教学内容和特点，为了达到一定的教学效果，完成教学任务，借助多媒体组合设备获取教学资源与信息。

根据健美操是在音乐伴奏下进行以及教学中采用示范教学模式的特点，健美操教学中的多媒体组合设备应用较为广泛的是音响系统。音响系统也是健美操实践教学中的一套基础设备，它是一套由音源（CD、VCD、DVD、MP3 等）、调音台、功放、扬声器和一些辅助设备组成的多媒体设备。音乐是健美操的灵魂。将音乐更好地运用于健美操教学中，通过音乐节奏的变化以及不同风格的音乐效果，不仅能激发学生练习的兴趣，而且能培养学生的乐感以及对健美操动作的深刻理解。

（二）多媒体在健美操教学中应用的必然性

1. 时代发展的必然性

随着信息技术的飞速发展，多媒体技术的应用已经渗透到社会各个领域，不仅改变了我们的工作和生活，而且改变了我们的教育和学习方式，大大提高了工作和学习效率。国家教委（现为教育部）在《高等教育面向21世纪教学内容和课程体系改革计划》中明确指出"教学改革要走现代化道路。"根据21世纪体育教学的发展与素质教育的要求，从现代健美操的发展趋势出发，应创建以培养学生终身体育意识、强身育人、提高体育能力为核心，以启发学生学习的自主性和创造性为重要内容，以全面提高学生素质为目的的教学新模式。

当前，不少高校健美操教学单方面注重动作技术的传授，缺乏对学生健美操学习的兴趣、态度及能力的培养，尤其缺乏对学生自学能力、观察能力及自我锻炼能力的培养，这既不利于新时代创新型人才的培养，也不利于学生终身体育意识和能力的培养。因此，高校健美操教学应突破现有教学模式中存在的弊端与误区。

在与高校健美操教学相适应的多媒体组合设备中，还有一种对动作精细、规范化提高非常有利的视频系统，即一套利用电视、录像机、摄像机等现代教学设备实施技能、技巧训练的教学系统。此系统可进行现场录像、即时播放录像和插播其他教学片等。通过摄像机可实时录像和观看，录像机可进行播放、慢放、定格等操作。教师在传授技能、技巧的实践教学中，可以利用此设备解决讲解和示范的难点，使学生在动作表象形成的过程中从多角度、多视觉观察动作，加深对动作的理解。

新技术的发展，借助可用资源，全方位构建 21 世纪高校健美操课程的创新体系，符合时代发展的必然要求。

2. 现代化教育改革的要求

以"教育要面向现代化，面向世界，面向未来"为指导思想的新课程改革的具体目标要求：改变课程过于注重知识传授的倾向，强调形成积极主动的学习态度；加强课程内容与学生生活及现代社会和科技发展的联系，在课程的实施过程中，加强信息技术教育，改变传统教学模式，实现现代教育技术与新课程的整合；在拓宽相关学科知识的同时，培养学生广泛的学习兴趣和良好的信息素养。

高校课程建设应达到"五个一流"：一流的教师队伍，一流的教学内容，一流的教学模式，一流的教材和一流的教学管理。这就对教师提出了较高的要求，教师要理论、实践能力强，富有创新精神，有丰富的实践经验，教学模式多样化，能针对不同的教学内容选择最佳的教学模式。例如，学习各类实践性和操作性较强的知识和技能时，采用交互式教学模式，让学生先了解任务及完成任务的思想、方法、操作要领，边学边做，完成任务，总结规律、技巧，能够让学生自发地学习知识，完成学习任务，形成职业技能。从基础教育到高等教育各个阶段的课程改革要求可以看出，现代教育必须适应时代的发展，结合高新技术，使学生养成良好的信息素养，才能在信息化社会应对各种挑战。

3. 教材及教学面临的情况

目前，市面上可以收集到的健美操教材有 10 多种版本。通过对健美操教材的阅读，发现这些教材在健美操的概述、科学理论基础、训练、教学、创编、音乐、特殊课种、竞赛、规则等方面都进行了阐述，并附有大量的图解说明。但是，部分教材理论研究的深度、广度还不够，研究的内容还不全面、不系统。另外，健美操运动发展速度较快，而健美操教材更新速度相对缓慢，必须利用更新速度较快的网络资源、光碟等一些先进资源进行指导教学，才不至于使健美操理论体系相对滞后，跟不上当今健美操运动发展的脚步。

应用多媒体辅助教学，可使教师和学生与课程内容之间发生同步或异步的交互作用，教师和学生获取各种知识和学习资源的便利性空间增强，教师对知识的垄断格局被打破，学生的个性化学习将变得更加现实，建构主义的理念将取代传统理念而成为学校课程开发和教学活动的主导性理念。

因此，对于内容丰富多样、技能主导类表现美感的健美操教学，教师应依据教学大纲、教材、学生的需要、教师的配备、场地器材设备条件等实际情况，结合当代健美操运动发展现状，通过网络向学生提供多套风格各异和风格相近的健美操教学套路，供学生根据自己的兴趣、爱好、特长或需要选择课程。通过详细的介绍，学生能够自主选择切合本人实际需要的课程，有利于全面提高健美操的学习效率，打破传统的教师教什么学生就学什么的局面。

4. 高校学生特点的要求

现在的大学生基本上是"00后"，随着时代的快速发展与进步，"00后"大学生深受大众传媒（如网络）的影响，信息量大，知识面广，对新事物的接受能力强，喜欢寻求刺激，追求新鲜感，而且思维活跃，有较强的学习能力，经常求新、求变，不能安于现状。而风格多样、表现力极强的健美操运动更是"00后"热情追逐的运动。在理论上，顺应社会的需求，健美操课的开展应该呈现热火朝天、盛况空前的场面，但事实并非如此，很多学生喜爱健美操运动却不喜欢健美操课。他们当中很多人都能歌善舞，但是这些特长、技术很少是在课堂上学会的，很多是在校外参加培训班或跟着网络视频自学成才。这不得不引起让我们对健美操教学模式的思考，教师应该依据学生的特点，根据他们兴趣、爱好，在完成大纲教学的基础上设计安排多种风格的课程，给学生提供多种教学资源或让学生自己寻找喜爱的教学资源，培养学生的自学能力和合作学习的能力，发展具有灵活性、创新性、个性化的教学模式，这样才能调动学生的学习兴趣，使理论与实践相结合，紧跟时代发展的步伐。

5. 健美操教师专业特点的要求

对计算机的掌握和使用已成为教师必须拥有的基本技能之一，掌握现代教学技术是新形势对现代教师的一个基本要求。健美操教师不但要具有较高的业务素质，也要熟练计算机操作及多媒体教学。体育教学的主要任务之一，是使学生掌握一定的运动技能，并能在此基础上灵活应用与创造新的运动技能。一个新的运动技能的形成，必须通过教师用准确、精练的语言讲解技术要领，示范动作过程，学生通过听、看来感知技术过程，而且"看"是学生的主要信息来源途径。这就要求教师要有很高的技术水平和示范能力，如果示范动作不规范，就会直接影响学生的学习效果。健美操教材中有很多快速、连续、复杂的技术动作。如果教师不进行分解教学，学生很难把这些瞬间完成的动作看清楚，更加不易注意到技术动作的关键环节，从而不能快速、准确地建立一个完整的动作表象。教师边放慢动作示范边讲解不仅影响动作的完整性及效果，而且学生观察角度不同会影响对动作的理解。而通过让学生观看视频，遇到复杂动作可以放慢镜头或"定格"方式，逐一展现出来，教师可在学生看视频的过程中加以细致讲解，然后进行示范，能让学生有直观且清晰的认识，对动作学习起到事半功倍的效果。

在健美操技术迅速发展的今天，风格各异和风格相近的健美操项目比比皆是，而且学生对健美操各种项目的学习需求也不尽相同。对教师而言，要把各种风格的健美操项目和技术动作学会再教给学生是很难完成的，但是多种不同的健美操项目在技术和教学上有很多相通之处，教师只要有足够的基本功去领会学习，并且有足够的审视和指导能力帮助学生纠正和指导教学，完全可以利用市面上和网络上新发行的多种风格的健美操资源进行教学，在教学中和学生一起共同探讨、共同学习，运用多种教学手段完成教学内容，并培养学生认识、接受、学习、运用新事物的能力，体现"以学生发展为中心"的教学理念，发挥教师主导作用，体现学生主体地位，从而提高健美操教学质量。

（三）多媒体技术应用在健美操教学中存在的问题

1. 信息技术能力较差，影响多媒体技术的积极开展

尽管现在人们对信息技术的使用能力有所提高，但是部分教师多媒体技术的应用能力仍然存在很大问题。多媒体技术的普及率还很低，这直接影响着高校体育教学的有效开展。诸多教师的多媒体技术应用能力还很差，特别是多媒体课件的制作，仅停留于简单的 Word 软件、PPT 软件形式，或是简单的 Flash 形式，而较为复杂的课件制作还很困难，这也影响了健美操教学的开展。另外，高校的体育教学对该技术的培训也相对较少，缺少多媒体技术培训和应用培训。为了提高教学效率，必须进行必要的教学创新，大胆引用多媒体技术，提高学生的健美操技术学习，规范健美操动作技术，促进学生技术的提高与发展。

2. 多媒体技术不能代替传统教学手段，缺少系统的教学设计

高校体育教学中，健美操课程是学生非常喜爱的课程之一，对于学生

的形体、体格发展具有很好的发展作用。为了落实教学目标，各学校积极
采用多媒体技术教学，但是往往忽视其存在的不足。多媒体技术教学尽管
很有效，但仍然不能代替传统的教学手段，这一点是毋庸置疑的。健美操
的教学主要是通过教师讲解、示范、视频播放，以及带领示范传授动作技
术进行。教学过程中，教师诙谐幽默的言行举止随时随地会给学生以潜移
默化的影响，但多媒体教学却无法做到这一点，甚至会使学生的学习关注
力有所降低。因此，健美操教学只有运用恰当的传统教学手段和多媒体教
学技术，同时发挥教学设计的积极作用，才能起到事半功倍的教学效果，
促进健美操教学活动的积极开展。

3. 缺少传统教学的灵活性、社会性，教学活动过于呆板

体育教学活动是一个非常灵活，并带有社会性的群体活动，通过各种手
段把一定的技术传授给学生，它并不是一个固定的模式。在特定的教学环境
中，要采用特定的教学方式，同时，还要根据学生的身心特点和个体差异因
材施教，增加或减少活动量，以便适应学生的课堂学习需要。而多媒体技术
是单一、呆板的人为设计模式，没有灵活的变通性，教学活动中的互动行为
得不到体现与发展，缺少社会性教育，教学活动的开展也较为固定，这不利
于学生的发展，也影响多媒体技术的广泛应用与普及。

4. 缺少互动性的教学双边活动，影响学生的学习主动性

体育教学是一个互动性的双边活动，既有教师的教育活动，亦有学生
的学习活动，这是一个相互作用的互动过程。学生的主体能动性是学生学
习、掌握与巩固知识的关键，而多媒体技术教学是单一、固有的教学模
式，教师的单向性活动较多，而学生的主动性活动体现不明显，大多数学
生只是跟随教师的步骤进行学习，缺少主体能动性的调动，这对于学生的
学习来说影响极大，特别是健美操这一动作技术性较强的体育项目，学习
效果显而易见。所以，在健美操教学中使用多媒体技术，应关注学生与教
师的双边活动，强化学生主体能动性的调动和激发，从而提高健美操动作
技术的学习。

（四）多媒体技术在高校健美操教学中的应用

1. 加强多媒体信息技术培训

高校健美操教学中，加强多媒体信息技术培训，积极开展多媒体技术
教学，提高教学效率。随着信息化的快速发展，知识与技术更替较快。为
了适应现代社会发展需要，必须强化教师的多媒体技术培训，这是积极开

展多媒体技术教学的前提条件，也是多媒体技术能否有效开展的重要保障。在当前的教师群体中，多媒体应用技术能力参差不齐，极少数教师还不会使用多媒体技术，这一问题日益突出。鉴于此，强化教师的多媒体技术培训势在必行，首先应从日常办公软件、课件制作软件、专业软件、多媒体使用常识等方面着手，逐步提高教师的多媒体技术应用能力，从而促进健美操教学的积极开展。

2. 多媒体技术与传统教学手段相结合

通过研究发现，多媒体技术教学与传统教学手段在教学中都存在诸多不足与问题，只有将二者相互弥补，相互结合，发挥各自的长处，既突出多媒体技术教学的趣味性、集成性、新颖性特征，又突出传统教学手段的实用性、可行性特征，适时进行教学调整与完善，不断进行教学创新，大胆实施多媒体技术教学，才能强化学生健美操技术学习。同时，要关注学生的主体能动性的调动，关注教学活动的双边性活动，既突出教师的主导作用，又突出学生的主体作用，将二者紧密结合实施教学，以此来提高健美操教学的实效性。

3. 充分利用现代网络媒介

现代网络媒介给现代生活带来很大的便利，并为学生的健美操学习带来很大的帮助，"无师自通"现象已充分证明了这点。所以，加强网络资源的开发与利用，既能为学生学习创造良好的环境与平台，又能让多媒体技术发挥其积极的教学作用，并能及时纠正错误动作，提高学生的健美操技术能力。

二、信息化背景下高校健美操教学中微课教学模式的应用

随着经济的高速发展，信息技术在人们的工作、生活、学习中起到了非常重要的作用。那么在教育教学中，传统的教学模式也渐渐被多媒体技术教学取代，越来越多的高校引进微课教学。"微课程"是学习的内容、过程和扩大材料的数字资源。

（一）微课概述

"微课"是一种将互联网信息技术作为依托的重要教学形式，教师在对健美操教学活动进行改革和创新的过程中，将教学中的重难点知识录制成为微视频，辅助学生进行学习和探究，能够突出教学重点，激发学生的学习思路，也能为学生提供有针对性的指导，提高健美操教学效率和增强

教学效果。所以在针对高校健美操教学运用微课的过程中，教师可以事先整合教学内容录制微课，并将微课引入到课堂教学活动中，以更好地呈现教学内容，促进高校健美操教学效果的进一步提高。

（二）微课在高校健美操教学中的应用价值

想要对整体问题进行研究，就必须要在一定程度上明确微课在高校健美操教学中的应用价值。从高校角度来看，开展健美操教学本身就具备较为明显的价值，例如，健美操教学可以提升学生的身体素质、激发学生活力、向学生传播正能量、改善学生身心状态、释放学生压力等。然而从现实情况来看，很多高校开展的健美操教学仅仅是一种形式主义，完全是为了应付上级部门的检查而开设，并没有真正对学生产生益处；部分健美操教师在开展教学的过程中没有认真分析学生的具体需求，在上课时一味地向学生传授相关理论知识，为学生简单示范后就让其自行练习，学生的学习效率无法提升，认为健美操学习较为困难，降低了学生的学习兴趣，不利于培养学生参与健美操运动的积极性。在这样的情况下，有必要在高校健美操教学过程中合理应用微课。微课本身能够较好地激发学生的学习兴趣，因为学生在日常生活中对微课的短视频形式较为熟悉，无论是 B 站还是抖音，都是较受高校学生关注及欢迎的软件，应用微课能够拉近与学生的距离，让学生利用碎片化时间完成学习，既能够降低学生的学习压力，消除学生抵触情绪，同时还可以提升教学效率，发挥健美操的育人作用。

（三）微课在高校健美操教学中的具体应用

1. 利用微课减轻教学难度

很多高校在课程中讲解的健美操难度都比较大，不仅动作比较复杂，而且很多动作都需要连贯起来。教师在讲课的时候，若是一股脑地都讲解的话，容易让学生学会了新的动作就忘记了旧的动作，大大影响健美操的教学进度。因为每一个学生所忘记和学不会的动作并不是同一个，而且，教师很难做到给所有的学生都去演示一遍他们不会的动作。针对这种情况，教师就可以使用微课来解决，这与传统的教学方式有着很大的不同，微课使用短视频的形式，将之前教学中冗长的重难点拆解成小的知识点，将健美操中难度比较高的技术动作变成一个个短视频，学生可以根据视频去自己练习，将自己不会的动作反复训练，一直到吃透为止。

例如，在《科学打造形体美》中，最主要的内容就是让学生掌握科学的训练方式，其中包括了一些理论的知识及训练的动作。在学习到这一个章节的时候，教师可以先用微课来为学生普及理论上的知识，然后再让学生去练习。等到学生都训练完了之后，教师就可以让学生选择自己不会的知识点再去观看。另外，教师也不能一味地依赖网络上的课程资源，因为网络上的资源是面向大众的，无法针对性地解决自己班级的问题。所以，当学生遇到问题的时候，教师不能一味地拿短视频去让学生学习，实际应该根据学生的实际需求为学生录制短视频。而想要真正做到这一点，教师就必须要加强与学生的交流与互动，除了在日常教学中观察学生的学习状况之外，还需要在与学生的交流中获取相关信息。因为每个学生的个性特点都不尽相同，身体素质、天赋及身体协调性都存在差异，对于身体条件较差的学生来说，其无论如何努力学习健美操都无法达到具备天赋的学生的水平，这本身就是由先天条件决定，后天练习很难进行改变。在这样的情况下，如果只是用一种教学方法或统一的标准来要求学生，就注定会导致部分学生在学习过程中出现问题，他们在与"优秀"的对比中会自然而然成为对立面，甚至会影响到他们的积极性与自信心。所以，教师应明确学生的具体情况，因材施教，以学生反馈信息为依据制作微视频，让这种教学方式可以真正地帮助学生提高自己的健美操水平。

2. 利用微课激发学生的学习兴趣

传统的健美操教学方式的介质比较单一乏味，学生所能接收到的信息只有书本中的文字，或者是动作的演示，这很容易让学生失去练习健美操的信心和兴趣。面对这种情况，教师就可以用微课来巧妙地激发学生的学习兴趣。教师在选择微课内容的时候，可以从学生的学习兴趣出发，选择学生都比较喜欢的微课形式，让学生可以变被动为主动，参与到教师的健美操教学中。等学生习惯了这种微课教学方式的时候，教师就可以实现翻转课堂了。

例如，在《时尚健身课》章节中，最主要的内容是要让学生掌握一些健身的知识点，对学生体能发展有很大帮助。所以，在学习到这一个章节的时候，教师可以寻找学生都比较喜欢的健身明星的短视频当作微课内容，这能够在极大程度上激发学生参与积极性。另外，教师也可以鼓励学生进行微课资源的分享大会，分享自己找到的优质资源，并且说出来自己为什么喜欢这一种微课形式。学生讲解的时候，教师应该认真倾听，以便于更加了解学生的真实心理，在下一次找寻或者录制微课内容的时候心中就有比较明确的方向。

3. 利用微课将课堂还给学生

在高校开展的健美操课程中，一般都是教师作为课堂的主体来指导学生学习和训练。因为教师面对学生的情况有很多，所以在制订教学目标的时候很难照顾到所有学生，尤其是一些特殊群体。不合适的学习目标不仅无法帮助学生起到锻炼身体的作用，还有可能会给学生的身体带来不好的影响。这种教学方式容易使学生在课堂上找不到自己的方向，不知道该怎么去进行自主学习，所以教师就可以使用微课来打破这一学习方式，给学生一个正确的引导，将课堂还给学生，让学生成为自己学习和训练的主人，全面提高自己的训练效率。

例如，在《东方瑜伽》一个练习的章节中，最主要的目的是要让学生学会有关于瑜伽的一些知识点。在瑜伽的学习中，某些动作对学生的身体柔韧性提出了一定的要求，如全莲花坐，一些柔韧性比较好的学生可以轻易做到，但是一些柔韧性比较差或者是身体比较肥胖的学生，就很难做到。在这个时候，教师就可以鼓励学生去寻找最适合自己学习的微课，根据自己的真实身体情况，在保护好自己的情况下去挑战自己身体素质的极限。学生在寻找的过程中若是遇到了困难，教师应该及时提供帮助，让每一个学生都能有一个清晰的学习目标和训练计划。

综上所述，时代在不断进步，学生生活和学习的方式都发生了很大的变化，高校的健美操课程也应该朝着更加科技化和简单化的教学方式发展，才能够让学生获得一个更好的训练效果，同时也可以帮助学生摆脱枯燥的学习方式，师生之间通过网络平台沟通，促进课堂质量的提升。

三、信息化背景下高校健美操教学中慕课教学模式的运用

（一）慕课概念

慕课在 2008 年由加拿大学者戴夫科米尔和布莱恩亚历山大提出。随后，Ken Masters 对慕课的概念进行了阐述："慕课"即"MOOC"，是"Massive Open Online Courses"（大规模开放式在线课程）的简称。Massive 指"大规模"，学习人数众多、学习规模巨大；Open 指"开放共享"，免费注册，丰富的学习资源向全国乃至全世界开放，学习者眼界也随之扩展到国外；Online 指"在线"；Courses 指"各种类型的课程"。

维基百科将慕课界定为一种学习者遍布于全球，其教学资源被放于网络平台上供所有爱好者学习的一门课程，是一种以加大共享力度，增加浏

览及点击量，吸引更多的学习爱好者加入进来为目的的在线课程。

《大数据时代的教育》将慕课定义为：MOOC（Massive Open Online Courses，简称 MOOC 或 MOOCS）即大规模在线开放课程。其中，"M"指的是课程注册人数多；第一个"O"指的是凡是想继续学习的人都可以加入进来；第二个"O"指的是随时随地都能学，并开放课程互动及评价系统；"C"指的是各种类型的课程。

综上所述，我们认为慕课是一种以促进知识传播为目的，以互联网为依托，由个人或组织分享发布的在线开放课程。慕课的教学过程不只是纯粹的教学或者自学，而是融合教师讲授、学生学习，包含讲授、讨论、作业、评价以及回馈的一个完整的教学过程。

（二）高校健美操慕课课程的形成及优势

1. 高校健美操慕课课程的形成分析

慕课在我国高校体育教育领域，是一个全新的、亟待进一步讨论的话题。高校开设体育类慕课，是新时代体育教学改革的必然之需。

（1）开设体育类慕课，是更好地满足学生学习的需要。

因为学生的个体差异性，不同的学生对体育学习的要求与期望也不同，体育教学就是要尽可能地满足每一个学习者的学习需求。学习者的需求得到满足，才能保持学习兴趣，提升学习效果。体育类慕课与传统体育教学相比，就具有这样的优势。传统的高校体育教学，使用的教材内容得不到及时更新，比较陈旧，与体育教学与训练相关的最新动态不能及时传递给学生，学生不能及时了解到第一手知识，学习兴趣和期望得不到满足。慕课课堂可以有效弥补这一不足。慕课课堂中，教师可以及时把最新的动态传递给学生，使学生在传统课堂学习之余，收获更加丰富的新鲜知识，有更多的机会选择自己感兴趣的内容进行学习。由此观之，体育类慕课可以满足不同学习者的学习需要，激发学生学习兴趣，提升学习效果。

（2）开设体育类慕课，是更好地提高教师教学水平的需要。

传统体育教学中，受时空条件限制，不同地区、学校的教师不能及时地交流沟通教学经验，不便于相互学习、相互促进。体育类慕课的开设，可以为这一问题的解决提供思路。不同地域、学校的教师，通过慕课，可以及时地相互学习、借鉴。年轻的、经验不足的教师可以观摩年长的、有经验的优秀教师的慕课课程，取其精华；边远地区的教师可以通过观看发达地区教师的慕课课程，及时获取最新教学资讯，更新教学内容；每位教师都可以学习借鉴其他教师优秀的教学方法，如探索式、启发式、合作式

的教学方式，在线评估与课堂评估相结合的评价方式等，改进自身教学；教师可以通过慕课课程建立密切联系，相互沟通交流，促进体育教学的创新发展。因此，开设体育类慕课，是更好地提高教师教学水平的需要。

（3）开设体育类慕课，是互联网时代深化大学体育教学改革的需要。

21世纪是互联网时代、信息时代，大学体育教学亦当顺应时代潮流，在传统体育教学的基础上，改革创新，谋求新发展。体育类慕课课程的开设，就是互联网时代高校体育教学改革的一个重大举措。通过慕课，各个地区、学校的学生，都可以加入优秀教师的慕课课堂中学习。学生可以将慕课课堂的学习与传统课堂的学习相结合，提升学习效果。同样，教师也可以采用线上课堂与线下课堂相结合的教学方式，使教学任务更高效地完成。可见，体育类慕课的开设，使得教师的"教"和学生的"学"都得以改进，这是互联网时代高校体育教学改革的一个进步。

综上，体育类慕课的开设是互联网时代高校体育教学改革发展的必然之需，作为体育学科的专项之一，健美操教学亦当紧跟潮流，加入慕课平台。

2. 健美操慕课课程的优势

健美操慕课课程可以有效地弥补前文所述传统健美操教学中存在的不足，同时还具有以下优势。

（1）健美操慕课课程可以打破空间限制，扩大教育覆盖面积。

健美操是一项既可以健身美体，又可以愉悦身心的体育项目，近十几年来，深受大众喜爱。这项运动受场地、器材限制较少，所以易于普及。健美操的学习，既包括理论知识的学习，又包括动作技能的学习，因此，健美操爱好者、学习者欲系统掌握健美操，便需要进入高校或培训学校学习。诚然，并非人人都有机会在高校或培训学校系统学习健美操。换言之，传统健美操教学的覆盖面积是有限的，不能满足众多健美操爱好者的学习需要。

健美操慕课课程突破了传统健美操教学"班级授课制"的局限，可以让不同地域、不同学校、不同年龄的健美操爱好者，通过网络系统学习健美操，扩大了健美操教学的受众面积，满足了健美操爱好者的学习需求，促进了健美操教学工作的进一步发展。

（2）健美操慕课课程可以优化传统的教学方法，提升学习效果。

技术动作是健美操课程的教学重点，传统的健美操教学在进行技术动作的讲解时，采用的教学方法以讲授法和演示法为主，即教师反复讲解动作要领、进行动作示范，学生根据讲解和示范来学习。这样的教学方法，在实际操作时，会受到一些因素的限制。例如，教师由于自身原因（年龄、性别、身体状况），在进行动作示范时，示范动作不标准；受课堂时间限制，教师的示范时间有限，学生观察示范动作的时间和机会有限，导致一些比较复杂的动作掌握不到位；等等。

健美操慕课课程可以帮助我们解决这些问题：①教师在录制慕课课程时，可以选择自己身心状况最佳的时候进行录制，这样可以降低由于教师原因造成的示范不标准等问题；②通过慕课视频，学生可以运用暂停、重播、调整播放速度等技术，对复杂动作进行全方位、多角度地分析，仔细观察每个动作细节，更加准确地学会每个动作，从而提升学习效果；③健美操慕课课程的内容，每节都经过精心设计，每节课平均十分钟，教学内容完整。这可以使健美操学习者系统掌握健美操的知识点，形成完整的健美操知识体系。

参加传统健美操课程学习的学生大部分从未学习过健美操，少部分有一定的健美操基础。传统健美操教学课堂时间短、学生人数多、学生水平参差不齐，所以，教师在上课时很难兼顾所有学生，很难针对每个学生的特点因材施教。健美操慕课课程可以在一定程度上解决这个问题，使因材施教的教学原则得以落实。在慕课课程的教学中，学生单独观看教师教学，使自己进入到一个教师单独指导自己的情境中，这样就形成了教师一对一指导学生因材施教的教学情景。学生可以在观看视频的过程中，向教师提问，与教师交流沟通，解决自己存在的问题。学生可以根据自身学习情况，对视频内容进行多次学习，从而提高学习效果。

（3）"以学为主"的健美操慕课课程能够提高学生学习兴趣、创编能力、创新思维能力。

"以学为主"的教学设计是建立在认知建构主义理论基础之上的。此理论认为，学习是学习者通过自身主动去探索、发现和建构的过程，是学习者在总结自己之前所习得的经验基础上不断地重新建构自己的理解认知和学习知识的过程。瑞士心理学家皮亚杰作为建构主义的代表人物，曾经说过："一切有成效的工作必须以兴趣为先决条件。"我国伟大的教育家孔子云："知之者不如好之者，好之者不如乐之者。"意思是了解如何学习的人不如爱好学习的人，爱好学习的人不如以学习为乐的人。以学习为乐的"乐之者"，是指学生在兴趣的支配下进行学习。教学活动中居于主体地位的是学生，因此，激发学生学习兴趣、调动学生积极性与主动性、鼓励学生长久保持学习兴趣，对提升学生学习效果来说，意义重大。健美操教学中，动作技能的传授是教学内容的重要部分。健美操的动作技巧繁杂多变，学生学习时有很大难度；加之传统健美操教学更重视教师的作用，教师一味地向学生灌输，学生被动接受，学习兴趣缺失，课堂刻板无趣。因此，传统健美操教学往往不能取得预期的教学效果。健美操慕课课程充分运用先进的现代教育技术，在课堂中利用图片、视频、动画、声音等，将教学内容生动形象地展现给学生。这些灵活多样的呈现形式，使得健美操课堂不再刻板无聊，能够充分调动学生的各个感官，激起学生的学习兴趣，使学生注意力保持高度集中，自主投入到健美操课堂及课后学习。

健美操慕课资源丰富、教学形式多样，使学生的学习视野得以开阔，学习自主性和灵活性得以提高，学习主体性地位得以体现。健美操慕课课程使教师的"教"与学生的"学"都个性化，使教师在传授健美操知识、技术和技能的同时，培养了学生的创新思维能力，激发了学生的自学、自编、自创能力，促进了学生的全面发展。

（4）健美操慕课课程能够更好地体现教师主导、学生的主体地位。

慕课强调自主学习。自主学习包括自己确定学习目标、选择学习方法、制订学习计划、评价学习结果等几方面。目前，我国学生的网络自学水平偏低，自学能力较弱。教学是由教师的教与学生的学组成的一种双边活动，但是，在传统健美操教学中，课堂往往是教师"一言堂""满堂灌"，学生被动接受。健美操慕课课程则改变了传统课堂存在的这种问题。健美操慕课课程是以学生为主体的课程。学生可以根据自己的需求，选择自己喜欢的老师、感兴趣的内容以及适合自己的时间，自己安排学习。同时，健美操慕课课程与传统健美操课程相辅相成、互相促进，为学生创造出更大的学习和探究空间，可以培养学生自主学习、探索的能力。

（5）健美操慕课课程有利于学校健美操课程改革，促进课堂延伸发展。

慕课应用于健美操课程教学实践，是践行新课程改革的重要举措。当前，越来越多的学生喜爱健美操，健美操选修课已成为大多数高校都开设的一门课程。但是，传统健美操教学面临诸多问题：选修健美操课程的学生数量相当可观，教师教学压力大；教学基础设施，如场地、设备等，无法及时更新以适应健美操发展的需要；受课时限制，健美操课程教学内容浅显，部分学生深入学习的需求得不到满足；最新的健美操发展动态不能及时传递给学生；等等。传统健美操教学中存在的这些问题表明：传统健美操教学已经远远不能满足学生发展的需要，高校健美操课程改革势在必行。

健美操慕课是高校健美操进行改革的一条有效途径。健美操慕课课程以丰富的教学手段，使健美操教学领域得以开拓。健美操慕课课程将单向的、局限的、统一进度的健美操教学变为多通道、全面性、因人而异、因材施教的现代化教学，科学地改进了健美操教学方法。此外，健美操慕课课程可以让学生将课堂学习与课后学习结合起来，拓展课堂教学内容，促使健美操教学工作得以高质、高效展开，使学生身心健康发展的需要得以满足。

（6）健美操慕课课程是培养学生终身体育观念、推动全民健身的需要。

健美操慕课不仅能够使学生系统条理地掌握健美操的理论知识、动作技能，还可以培养学生参加体育锻炼的兴趣，培养学生终身体育意识，使学生养成终身体育锻炼的习惯，身心得以健康发展。健美操一直是全民健身运动开展较好的项目，深受广大群众的喜爱。健美操慕课课程，实现了教学资源的共享，对健美操感兴趣的人都可以学习健美操课程，为全民健身运动的蓬勃开展提供了相应的理论与技术指导，有利于全民身体素质的提高、全民健身运动的发展。

（三）慕课教学模式在高校健美操教学中的具体运用

在信息化背景下，运用慕课教学模式对高校健美操教学进行改革和创新，能够促进慕课教学模式优势的发挥，增强高校健美操教学的开放性、及时性和个性化特征，更加灵活和便捷地对学生实施相应的教学指导，也能凸显教学针对性和有效性，在丰富的高校健美操教学资源体系中为学生的自主学习创造一定的便利，实现对高校健美操教学组织活动的全面优化。

1. 激发学生的主观学习意识

在慕课教学中，由于教学内容存在既定性的特征，即慕课体系中教师难以结合学生的实际学习情况对教学活动加以调整，突出教学重点，所以，为了促进慕课优势的发挥，教师要注意对学生的主观意识加以培养，引导学生在健美操学习的过程中正确地认识自己和定位自己，合理选择慕课内容，并在学习过程中主动思考和研究，将教学内容与自身学习实际情况有机结合，促进慕课教学作用的发挥。

2. 激发学生的情感体验

网络课程是僵化的，其所有教学内容都是通过网络向学生传递的，这必然会导致教师和学生之间缺乏情感沟通，所以，在实际运用慕课教学模式的过程中，教师可以适当地搭建在线沟通平台，确保学生在学习相关内容时，可以将自己的学习体验在平台上分享，在线与教师或者其他同学进行学习和交流，也可以将自己在学习慕课课程后做出的健美操相关动作录制成为微视频，上传到平台上，供学生和教师点评。例如，学生在结合"健美操组合——激情似火"慕课进行学习后，就可以将自己对"健美操组合——激情似火"衔接动作方面的训练录制下来，在平台与其他同学和教师衔接动作表现"激情似火"的主题，增强学生的学习体验，使学生的健美操运动能力得到增强。

总之，在信息化背景下，高校传统健美操教学结合慕课，能更好地达到健美操学习的效果，学生的综合能力也会进一步增强，对学生的全面发展产生积极影响。

第六章　高校健美操教学方法分析与实践创新研究

第一节　高校健美操教学传统方法分析

一、健美操教学方法解读

健美操教学方法是实现健美操教学任务或目标的方式、途径、手段的总称。健美操教学方法既包括教师教的方法，也包括学生学的方法。就健美操教学方法来源来说，一方面，是体育教学方法在健美操教学中的应用；另一方面，来源于健美操实践，是健美操教学中所特有的。

健美操教学方法在实现健美操教学任务和目标过程中起着桥梁和中介作用，有传授知识、形成动作技能、指导实践、发展经验、培养能力、提高学习效率等作用。因此，在健美操教学中，无论教师进行教学活动，还是学生进行学习活动，都离不开一定的教学方法。

二、健美操常用的教学方法

健美操教学方法有很多种，每一种教学方法对完成教学任务都有它特殊的作用。采用哪种方法及如何运用，应根据教学任务、教学内容、学生特点及场地设备等具体情况来决定，这样才能充分发挥教学方法的作用，取得较好的效果。在健美操教学中，常用的教学方法有讲解法、示范法、提示法、带领法、完整与分解法、重复法等。

（一）讲解法

教师向学生口头说明教学任务，动作名称、作用、要领、做法及要求等以指导学生掌握基本知识、技术、技能和进行练习的方法，这是健美操教学中运用语言的一种最主要、最普遍的形式。

采用此教法时应注意以下几点：

（1）讲解要有目的性。所讲内容要围绕教学任务、内容、要求以及教学过程中学生存在的问题等情况有针对性地进行。

（2）讲解要正确。教师所讲的内容应是科学的、准确的，即言之有理、实事求是，并运用统一规范的专业术语。

（3）讲解要简洁易懂、简明扼要，力求少而精，尽可能使用术语和口诀。

（4）注意讲解的时机和效果。健美操教学的讲解既可在示范后进行，也可边示范边讲解。讲解时要根据学生已有的知识经验来确定讲解内容的深度和广度，以便使学生更好地理解和掌握。

（5）讲解的顺序要合理。讲解的顺序一般先讲下肢动作，再讲上肢动作，最后讲躯干与头颈、手眼的配合。

（6）讲解要有启发性。在教学中，力求用生动形象的语言引起学生的兴趣、启发学生的积极思维，使学生听、看、想、练有机地结合起来。

（7）讲解要有艺术性。讲解必须用普通话，口齿清晰，层次分明，表达生动形象，有趣味性和感染力。恰当的情感和声调，会使语言产生巨大的艺术效果。

（8）讲解要有节奏和鼓舞性。讲解的语言节奏是指语言的声调、强弱应按特定的顺序和时间间隔交替进行。讲解的语言应有利于激发学生的练习积极性。

（二）示范法

教师以自身完成的动作作为教学的动作范例，用以指导学生进行练习的方法。此种方法可以使学生了解所要学习的动作的具体形象、结构、要领和方法。

采用此教法时应注意以下几点：

（1）示范应是动作的典范。教师的示范要力求做得准确、熟练、轻松和优美，给学生留下深刻印象，使学生看完示范后就产生跃跃欲试的感觉。因此，教师要不断提高示范动作的质量。

（2）示范要有明确的目的。教师的示范要根据教学任务、步骤以及学生的水平来确定。例如，教授新教材时，为了使学生建立完整的动作概念，一般可先做一次完整的示范，然后结合教学要求，做重点示范、慢速示范和常速的示范。

（3）示范要有利于学生的观察。在进行示范时，要注意选择合适的示范面、示范速度以及学生观察示范的距离和角度。

（4）示范与讲解相结合。在健美操教学中，只有把示范与讲解紧密结合起来，才能获得最佳的教学效果。

（三）提示法

教师以提示的方式指导学生进行练习的一种方法。这种提示可以是语言的，也可以是非语言的。

语言提示：教师用简练的语言或口令提示学生所要完成的动作名称、时间、数量、方向和质量要求等。

采用语言提示法教学时应注意以下几点：

（1）需用准确、恰当、简单的语言或口令来提示动作，并且要声音洪亮，发音准确，声调恰当。

（2）提示的语言或口令要配合音乐的节奏，教师可边数节拍边提示动作。例如，提示身体姿势时，可喊"1、2、3、4，两、臂、伸、直"；提示动作方向时，可喊"向、左，3、4，向、右、7、8"；提示动作速度可喊"5、6、加、快"；要求连续练习时，可喊"5、6、再、做"。

（3）提示动作重复的次数和改变动作时，一般常采用倒数法进行提示。提示时应有一定的提前量。例如，"4、3、2、V字步"；"4、3、2、向前走"等。

（4）教师应用良性和富有情感的语言进行提示，以对学生产生激励作用。

非语言提示：教师用肢体语言、面部表情、视线接触等提示学生完成动作的一种教学方法。

采用非语言提示法教学时应注意以下几点：

（1）利用肢体语言提示时，必须使学生明确肢体语言的含义。因此，最好预先向学生讲明课上所要采用的几种身体语言动作。

（2）在使用肢体语言时，可配合口头的提示。例如，手臂在做大幅度的向上伸展时，可配合"臂伸直"的口头提示，使所提示的内容变得更加明确。

（3）在用身体动作进行提示时，力求使动作做得准确规范，在必要时可将动作进行夸张。例如，"腿高抬""大步走"等。

（4）用手势提示时，应根据需要提前2拍或4拍做出，掌握好提示时机，并且要使每一个学生都能清楚地看到教师所做出的手势。教师做出的手势要相对固定，既可采用大家公认的手势动作，也可形成自己独特的手势风格。

（5）教师要善于运用面部表情和眼神的变化来激励学生。例如，微笑、眼神对视、点头等。

（四）带领法

学生在教师的带领下，连续完成单个动作、组合动作、成套动作练习的一种教学方法。此种教学方法能使学生在较短的时间内建立正确的动作概念，掌握动作与动作的连接方法及音乐节奏感，在健美操教学中被普遍采用。

采用此教法时应注意以下几点：

（1）根据动作需要正确选择带领的示范面。通常在身体有前后行进、转体变化及动作较复杂时，采用背面示范带领；结构较简单的动作一般选择镜面示范带领；身体有左右方向变化的动作，根据观察动作的需要选择镜面或背面示范带领。

（2）大部分时间都应采用镜面示范，以利于教师观察学生掌握动作的情况和便于与学生沟通。

（3）教师在领做动作时，可将背面及镜面示范结合起来运用。在转换示范面后，教师示范的方向，应跟学生的动作方向保持一致。

（4）在完成较复杂动作时，可慢速带领，待学生熟练掌握后，恢复正常速度带领；在完成上下肢配合动作时，可先反复领做步法，在此基础上将手臂动作添加到动作中，形成一个完整的动作。

（5）教师在带领学生练习时，除示范动作要做得一丝不苟外，还要与手势、口令、语言等提示方法紧密结合，使学生达到眼看、耳听、心想、体动的目的，从而达到最佳的教学效果。

（五）完整法与分解法

完整法指从动作的开始到结束，不分部分和段落，完整地进行教学的方法。此种方法不破坏动作结构，不割裂动作各部分或动作之间的内在联系，可使学生建立完整的动作概念，迅速地掌握动作。分解法是把结构比较复杂的动作或组合按身体环节合理地分解成几个局部动作分别进行教学，最后达到全部掌握动作的方法。

采用此教法时应注意以下几点：

（1）学习结构比较简单的动作，采用完整法进行教学。

（2）学习较为复杂的动作，可采用慢速完整练习方法，即放慢动作的过程。在每个姿势中停几拍，以加强学生对动作的运动轨迹、动作各环节的变化有进一步的了解，提高学生正确完成动作的本体感觉，待学生建立了正确动作概念之后，再按正常速度进行完整练习。

（3）对于要求协调性较高的动作，往往按身体各部分预先把它分解成几个局部动作分别进行教学，待学生基本上掌握了分解动作之后，再进行完整动作的教学。例如，把健美操的动作分解成上肢动作、下肢动作、头部动作等先分别进行练习，然后再上肢、下肢、头部等配合进行完整练习。

（4）运用分解法是为了完整地掌握动作，因此，分解教学时间不宜过长。

（六）重复法

重复教学法是不改变动作的结构，按照动作要领进行反复练习的教学方法。健美操的教学，可重复单个动作，也可重复组合动作和成套动作。这种方法既有利于学生在反复练习中掌握和巩固动作技术，又有利于指导和帮助学生改进动作技术，并对锻炼身体、发展体能等有较好的作用。

采用此教法时应注意以下几点：

（1）要防止错误动作的重复。教学中，一旦发现有错误动作出现，教师应立即给予纠正，以防形成错误动作的动力定型。

（2）在动作初学阶段采用重复法时，应避免负荷过大及疲劳的过早出现，以免影响掌握动作及改进动作。

（3）练习时要合理安排重复次数。所重复的次数既能保证学生在每一次的练习中都能达到动作的要求，不降低练习质量，又能适合学生的负荷能力。重复次数少，达不到锻炼效果，也不易掌握和巩固动作；重复次数太多，容易造成动作变形，也易使学生失去练习的兴趣。

总之，上述几种教学方法都有各自的特点和功能，但它们是彼此有机联系的。在健美操教学中，应根据课的任务需要，相辅相成地灵活运用各种教学方法，使每一种教学方法的运用都成为整个教学过程有机的一环。

第二节　创新思想下高校健美操教学方法实践创新研究

新课程背景下，要求教师创新教学、激发学生学习兴趣，创新教育思想的落实能够激发学生的创新意识，为今后发展奠定基础。尤其在体育教学中，随着新课程教育改革的落实，体育教学得到了重视。而健美操作为体育教学之一具有重要作用，将创新教育思想融入健美操教学中，能够实现健美操教学的根本性转变，推动学校健美操教学进步。

一、创新教育概述

受传统教育影响，我国教师习惯用传统教学方式教学。而传统教学讲求以教师为主体、"一刀切"模式，学生缺乏学习兴趣，教学内容单一、教学形式枯燥，对学生创新能力的培养产生制约，并且长此以往，学生容易产生厌学情绪进而造成学生成绩较低、教师教学效果平平。随着现代教育的落实，传统教学已经不能适应时代的发展，随之而来的是创新教育形式，倡导教师积极应用创新教育，摆脱传统教学制约，创新教育思想。

创新教育提倡以学生为主体，教师在教学中起引导性作用。创新教学理念、教学方法，营造轻松和谐的课堂氛围，激发学生学习兴趣，使其主动参与到教学中，培养学生自主学习意识，当满足以上条件时，学生学习成绩自然会实现质的飞跃，教师教学效率也得以提升。健美操教学融入创新教育，需要教师挖掘学生的学习潜力，不断地引导学生融入教学中，培养学生的创新意识。在教学中引导学生合作学习，教师自身也要对教学进行总结、不断完善，对学生不懂的问题积极寻找有效的方法进行深入挖掘，为学生答疑解惑，但并非是将问题答案直接告诉学生，而是引导学生找到适当的解决方法，进而使问题得到解决。"授人以鱼不如授人以渔"，只有让学生掌握学习方法才能培养学生自主学习意识，这是创新教育中的教学思想。

高校学生逻辑思维高度发展、思想意识逐渐成熟，他们有自己的观念定义，所以在健美操教学中，教师需要激发学生的学习兴趣，为后续教学做铺垫。如果教学中学生没有较高的参与性，对学生而言，健美操学习将会是一种学习负担。传统教学中，教师强调学生的动作掌握程度，以学生成绩为衡量；而创新教与传统教学有着天壤之别，创新教学主张提高学生的课堂参与性，积极鼓励学生，肯定学生，这也是创新教育的特点所在。创新教育中，教师由主角转变为配角，培养学生的主体意识，增加学习信心。当学生的参与性被调动后，学生自然会将更多的时间投入到学习中，这也正是自主学习的表现，从根本上提升学习效率。

二、创新教育在高校健美操教学中的限制因素与作用

（一）创新教育在高校健美操教学中的限制因素

教育教学一直处于不断改革阶段，虽然注重创新教学、培养学生创新

意识、激发学习兴趣等，但是高校体育教学较为重视竞技类教学项目，健美操教学处于体育教学中的边缘地位，这样的学科划分使得健美操教学采用"一刀切"的方法。首先，教师进行动作教学，将动作分为几个节拍；然后，学生重复教师动作；最后，教师对某个有难度动作进行简单的讲解，对学生动作不到位进行纠正。教学形式固定化，缺少有效的交流、沟通，这样的教学方法较为适合竞技类教学，运用在健美操教学中显得过于僵硬，缺少教学灵活性。在动作掌握上，如果教师不对动作进行详细分析，学生对动作掌握就会模糊化，不能对健美操学习有准确的定位，创新教育在健美操教学中受到限制。

（二）创新教育在高校健美操教学中的作用

1. 推动学生多样化发展

健美操具有增强身体素质、形式丰富、适应性广泛等特点，对学生有较高的要求，学生想要达到一定的学习效果具有一定的难度。将创新教育运用在健美操中能够简化学生学习难度，有助于学生全面发展，提升学习效率，便于学生对健美操的理解；应用创新教育，培养学生创新意识，当学生获得一定的技能后，学生能够自己进行健美操编排，在编排过程中，不断深化对健美操理解，提升健美操水平。由此可见，创新教育在健美操教学中能够推动学生多样化发展。

2. 帮助学生建立自信心

将创新教育运用在健美操教学中，能够增加学生的自信心，这对培养学生思想意识具有重要的作用。在教学中，通过教师的不断鼓励，学生能够感受到健美操所带来的快乐和益处，在动作编排中能体会到健美操学习的重要性，得到教师的认可，感受到成功的喜悦，学生的自信心就会提高。

三、创新教育思想融入高校健美操教学的策略

将创新教育思想融入高校健美操教学中是我国教育改革的重点，创新教育的融入，有助于学生创新意识的培养，提升学生学习技巧，使教学变得更有灵活性，更具有生机。创新教育的应用方法从学生的学习兴趣、创造性培养方法上可划分为以下几点：

（一）创新教学内容，激发学生参与性

兴趣是推动人向前发展的动力，是人不断进步的催化剂。因此，教师

只有提升学习兴趣，学生才能主动参与到教学中，将更多的时间放在健美操练习中。在传统教学中，学生缺少学习兴趣和参与性，究其原因是健美操教学内容单一，教学氛围枯燥、死板、无味，造成学生没有较高的学习兴趣。所以，创新教育的融入，首先就要从教学内容上进行优化，取其精华，剔其糟粕，彻底改变传统教学形式；然后，教师在教学内容选择上，尽可能选择具有生机、激情的教学内容，吸引学生主动走进教学中，激发学生的教学参与热情，当学生的参与性被带动后，学生之间相互影响就会产生联动效应，带动班级整体学生的参与性，为后续教学奠定基础。

（二）营造快乐学习氛围

调查显示，创新教育的首要前提是为学生营造愉快的学习氛围，只有在这样的教学模式下，创新教育才能发挥真正的作用，更好地培养学生创新意识。在创新教育模式下，学生的创新意识才能得到发挥，学生只有体验到健美操所带来的乐趣，才能投入其中，在轻松、快乐的环境中学习，主动研究动作技巧，让学生爱上健美操、主动学习。

（三）合作学习，培养学生创新能力

合作学习是文化课教学中一种常用的教学方法。运用在健美操教学中，无疑是一次教学模式的突破，经过实践，效果良好，学生积极性较高。合作学习，顾名思义，学生分组学习模式。教师将学生划分为不同的小组共同练习，合作学习中成员之间相互帮助、相互督促，能够较好地帮助学生克服一些懒惰、不自信等缺点，取长补短，共同进步。教师在教学过程中可以加入小组互动式学习，在轻松愉快的环境中更好地指导和帮助学生快速掌握知识。例如，在健美操教学中，教师根据班级人数将 4～6 名学生分为 1 组，合作练习；在合作练习中，小组学生相互交流，相互纠正动作，共同进步。在采用合作学习时要注意：①取长补短。小组成员技术水平和能力水平应互补，应根据学生的个体差异进行分组。②定期更换。每一小组成员在配合一段时间后，教师可根据教学任务、教学内容的变换调整组员结构。这样做可以避免形成固定模式，更有利于发挥学生个人创新能力，使他们在不同的群体中学会沟通、合作。例如进行拉丁操学习时，可将有一定基础的学生调入各组为组长，帮助教师进行教学指导。

第三节 信息化背景下高校健美操教学方法实践创新研究

当前社会不断进步，现代信息技术在教育行业也有较广泛的应用。将现代信息技术应用到健美操教学中，使教学具有更强的直观性，能更好地激发学生的学习积极性与主动性，进一步提高健美操的教学效果。本节对信息化背景下高校健美操教学方法实践创新进行研究。

一、信息化背景下翻转课堂教学方法的实践应用

（一）翻转课堂的起源

翻转课堂起源于美国。2007 年，乔纳森·伯尔曼和亚伦·萨姆斯两位化学老师开启了真正意义上的翻转课堂，成为翻转课堂的创始人。他们为给缺课的学生补课，将讲课过程的演示文稿以及上课过程录制成视频，上传至相关教学平台，收到较好的效果。后来，这两位老师又将上课方式改为先让学生在课前观看教学视频，之后在课堂上完成作业，并为学习中遇到困难的学生进行详解。结果，这种教学模式受到了学生的广泛欢迎。随后，翻转课堂在世界各地的各级学校开始应用起来，并于 2011 年传入我国，引起我国教育界的极大关注，并迅速引入到教学中来。

翻转课堂教学是现代数字信息技术在传统教育行业中应用的典型体现。教师可以通过互联网工具、电子视频邮件等来将课堂中的重要内容以课件、视频作业等互联网资源的形式传送给学生，使学生不受传统教育空间的束缚，在任一时间、地点都能够完成教师布置的任务，同时也促进了教师与学生之间的双向交流，资源共享。翻转课堂教学法打破了传统课堂教学的结构，提高了课程资源的可用性、实用性和再生性，颠覆了传统教学方法中以教师为主导的"知识传授"与"知识内化"的过程，强调学习者的主动建构及内在信息加工作用，满足了碎片化时代的学习要求。因此，在教育发展过程中，翻转课堂将扮演极其重要的推动与促进角色，广大高校体育教师应当将翻转课堂教学法充分利用到体育教学改革发展过程中。

（二）翻转课堂的概念

翻转课堂教学法是在互联网技术不断普及的环境下，经历了较长时间

的发展之后，逐渐被应用于体育教学中的。翻转课堂是教师借助相对精短的视频进行录制或编辑，让学生通过教学网站，观看教学视频，提前对教学内容进行初步了解，课后再复习反馈学习情况的新型教学方法。

翻转课堂教学法，是指将课堂内外的学习内容和学习时间翻转，将学习主体翻转，即将学习主体从教师翻转为学生，又称颠倒课堂教学法。在这种教学方法下，教师能够不再占用更多的课堂时间来讲授基础知识，使学生在课堂的学习效率更高，使学生能够更专注于学习任务，使学生能够在课前完成基础知识的自主学习。另外，教师还可以把本门课程的关键知识点制作成相应的微课，以此突出本门课程的重点和难点，使得学生能够在课外时间随时进行本门课程的在线学习。

（三）翻转课堂的特征

翻转课堂最大的特点是打破传统的教学方法，将教学的重点放在学生的主动学习上，从学生的个性出发，让课堂以学生为主。在翻转课堂中，教师的身份由传统教学中的讲授者变成了引导者和组织者，学生也从被动接受者转变为课堂的主动参与者和探究者。在教学形式上教学视频是重要的课前学习资源，教师选择自制或转载视频资源作为课前学习的重要视频资料。从教学内容上看，授课教师从教学内容中提炼出教学的重点、难点或技术要点等单一教学任务进行精确的讲解和示范，便于学生短时间内集中精力解决一个技术问题。$5\sim10\text{min}$ 分钟时长的短视频既有利于学习时集中注意力，又能够充分利用零碎化时间进行学习。学生通过教学平台，可以随时随地进行观看，不受时间和地点的约束，这样可以缩短课堂教学的时间，让教师有充分的时间在课堂上为学生纠错，可以更好地提升教学效果。

（四）翻转课堂教学的优势

1. 优化健美操教学设计

在信息技术的支撑下，健美操课程在教学目标、方式方法、评价体系等方面都在进行着教学改革。翻转课堂的出现有效地将信息技术与教学融合，推动了教学改革的进程。多媒体信息技术在健美操教学中的应用对于健美操课程教学来说不仅是资源上的补充，也是对传统教学方法的改变。当前，由于教师个人技能水平、身体状况、教学环境、学生身体协调性等因素导致教学效果不是很理想。将信息化教学方法运用于教学中，可以很大程度地改善教学效果，也扩充了学生学习的时间和空间。翻转课堂的教学侧重点由传统的动作技能传授，向以学生的学为中心转移，将技能浅表学习任务放在课前由学生自主完成，课堂上进行技能、技术知识的内化和迁移。重视学生学习的过程，通过颠倒教学流程，增加生生和师生之间的互动交流，完善对学生的学习评价。

2. 翻转课堂更符合健美操教学特点

健美操技术动作的成型一般要经过泛化、分化、巩固提高三个阶段，最终达到成套技术动作的规范化。翻转课堂与健美操技术动作的成型规律相契合。在泛化阶段，教师运用教学视频或录像等作为示范教学资源，学生在课前通过视频资料的学习，打破课程时间与空间的局限性，初步掌握技术动作；在分化阶段，教师进行再教学，教学的时间就会大大减少，教学的侧重点就更加突出，对学生易犯错误的讲解与纠正时间也更充裕，从而加强了师生交流，深化学生对技术动作的认知，最终实现运动技能的规范化。在巩固提高阶段，教师的主要任务是巩固发展已形成的技术动作，使学生能熟练、省力、轻快地完成健美操动作，并能在各种条件下灵活自如地运用。

3. 实现多元化的健美操学习方式

在健美操翻转课堂中，教师要将教学视频、课堂教学和分组教学的内容进行合理的安排和划分，让学生快速地融入教学的情境和学习的程序中，让学生在课堂外体验自主个性化学习、合作学习、团队创新、自我学习评价。在课堂上，学生运用健美操知识和技能，通过个人展示、小组竞争、团队创编等方式实现知识和技能的巩固。在师生互动交流中加深对健美操的了解，从而实现知识与技能、过程与方法、情感态度和价值观等方面的逐步提高。

4. 促进健美操教学评价的逐步完善

教学方法的改革，会促使教学评价的改变。翻转课堂下的教学法改变的不仅是传统健美操的教学流程，还将教师的教学理念和学生的学习理念进行了调整和改变，在翻转课堂教学中更强调学生学习的自主性和学习能力、习惯的培养。因此，对学生学习的评价方式就需要从总结定性式的评价转换为进展性的评价。学生通过视频资料和课堂教学的学习，要经过一个初识、认识到掌握的过程，在学生的学习中教师要充分预留时间给学生，鼓励学生不断地改进和创新，同时在评价内容方面，要从知识与技能、过程与方法、情感态度和价值观三个维度全面评价。这种评价机制除具有评价作用外，还可以作为一种监督机制——监督学生课前预习情况、课后复习情况，以及团队创编情况，培养学生形成自主学习的习惯。

（五）翻转课堂在健美操教学实践中的可行性分析

1. 翻转课堂准备阶段

教师要根据健美操课程每节课的教学目标，确定每个微视频的教学内容，通过教材、网络教学视频、教学大纲等收集教学素材，完成微视频的教学设计。微视频的设计要注意教学内容体系的完整性，组织结构的合理性，还要根据学生的认知水平和需求，选择最适合本阶段学生学习的教学方法，并根据教学内容的结构特点进行合理编辑。结合健美操课程的教学特点，制作微视频时应该注意：录制镜面、背面两组视频，让学生更直观地进行学习，学生通过对动作的慢放、回放、循环播放等，在学习开始阶段就能形成正确的动作概念；视频中的图示及文字说明要描述清楚技术动作的方向、步伐名称、手型等；需设置在线答疑、讨论等环节，教师通过学生课前任务的完成与反馈情况，及时地了解学生课前的学习效果，在课堂教学中就能够重点教学，及时发现学生技术动作的错误，及时纠正。

2. 技术能力的内化阶段

健美操课堂中，教学活动都围绕着学生展开，充分体现了以学生为主体的特点。通过课前视频资料预习这个环节，教师能对学生的基础知识和动作技能的掌握情况进行简单的了解；在课堂教学中，就能更好地将学生易出错和没学会的技术动作作为重点教授内容；分组练习阶段，将技术动作掌握较好和技术动作掌握较差的学生进行混合分组，小组同学之间进行带动式练习，这样可以有效地提升小组学生的协作能力，有助于班级学习情况的整体提高；教师巡回检查学生的练习情况，进行针对性辅导，随时解决学生在练习过程中出现的问题。

3. 提高学生学习的体验能力

从目前高校健美操教学来看，传统课堂教学对学生的学习感受重视不足，课堂教学强调学生在学习时能够听从指挥，积极模仿教师技术动作，使整个体育学习氛围变得死板、沉闷，忽略学生的学习感受，不利于学生多元化学习体验。在健美操翻转课堂的教学中，教学的重点内容在于培养学生自主学习能力。教师要肯定学生的自学成果，鼓励学生之间互助协同学习，交流自编成套技术动作。在翻转课堂教学中，体育教师角色由知识、技能的传授者转换为课堂的设计者、参与者和体育课程学习的推动者。教师在设计和制定学习规则后，将健美操技术动作学习的主动权转交给学生，让学生在轻松愉悦的教学活动中完成知识的发现、学习以及经验的分享，促使每一个学生都能充分发挥学习的潜能和创编能力。

（六）翻转课堂教学方法在高校健美操教学中的实践应用

1. 教师课前准备，学生课前预习

课堂教学开始之前，教师可以事先找一些相关教学视频，或者根据学习的重点和难点录制微课视频，配上分析和讲解以及优美动听的音乐，对动作的技术要点阐述清楚。建立班级微信群，将视频或微课发布到微信群供学生观看学习，配合教学视频给学生提出一些需要思考的问题，希望在课堂上共同研讨。学生通过课前预习做到心中有数，并带着对问题的思考上课。

2. 课中分组讨论、教师指导、实践练习

课上可以将学生分成几组，组内成员交流学习体会和质疑，将通过交流仍不能解决的问题报告给教师，教师再进行集中答疑、示范、讲解。然后进行个人动作实践练习，根据学生不同的问题分别进行指导，针对性强，效果明显。学生对动作练习熟练之后，可以进行多人组合练习，提高学生的协作和创新能力。对学生的动作展示分别进行录像，教师根据录像对比专业教学视频进行分析讲解，找出不足和差距，指导学生改进。最后，可以通过学习成果汇报表演或各组之间表演比赛等形式对阶段学习进行总结，让学生体会到运动的成就感和集体责任感。学期结束可采用多元评价方式，组内互评、教师评价、个人自评相结合，使评价更为公平合理。

3. 课后多加练习、交流提高

对课上新学习的技术动作或组合套路，学生课下可对照视频反复观看学习和实践练习。俗话说熟能生巧，只有多练习才能熟练掌握和应用技术动作，最终实现创新。遇到不懂的问题还可以及时向教师咨询，得到满意的解答；也可以将自己满意的组合动作拍成视频在群内交流分享，同学和老师的鼓励和点赞无疑会给学生的学习增添动力；教师课后还可以在群内分享优秀的专业教学或比赛视频，供学生观赏，加深对学习内容的理解，提高学生的审美；还可以给学生布置练习视频上传反馈的课后作业，或课上内容在线检测等任务，为了将自己最好的表现展示在群里，学生一定会积极主动地加强练习。

（七）翻转课堂教学方法需要注意的问题

1. 翻转课堂教学不适合单独应用在初学者的理论教学阶段

对于新开始学习健美操的学生而言，健美操是比较陌生的学科，健美操的特点、知识结构、教学目标、规则等理论知识需要教师的详细讲解，这时不太适合采用翻转课堂教学法。理论学习后，学生对相对枯燥的理论知识的理解记忆比较排斥或出现困难时，教师可以辅助应用翻转课堂教学法，通过制作微课课件或相关网络视频，给学生更直观、有趣的内容解读，扩展教学的知识容量。在网络空间，学生更愿意表达自己的见解，提出自己的问题，同时能及时得到教师的反馈解答，增进了师生感情，提高了学生学习的兴趣。教师还可以通过组织线上知识检测或竞赛，引导学生做好理论知识的学习和复习。

2. 基础动作教学阶段尽量选择传统教授方法

基础动作教学对学生今后健美操运动成绩的提高至关重要，直接关系到组合套路的规范性和连贯性。翻转课堂虽然可以讲解技术动作要求和要领，但不能及时纠正学生模仿学习时出现的错误，而错误的姿势一旦形成，改正起来十分困难。为避免形成错误的基础动作手势、步伐和姿态，在基础动作教学上不适合应用翻转课堂教学法。

综上所述，翻转课堂教学法比较适合经过一段健美操基本训练的学生应用，主要应用在组合和成套动作的教学以及团队表演教学之中。

3. 要注意提高教师的数字化技术的应用水平

部分体育教师知识技能比较单一，长期靠讲授教学，对现代化教学设备和技术比较陌生，阻碍了翻转课堂的发展和应用效果。为提高体育教师的数字化应用水平，需要教学主管部门和高校加强对这项工作的重视，增加培训资金，提供新媒体技术的培训和观摩参观机会。教师本人也要对翻转课堂深入了解和认可，积极主动提高相关教学技能。在组合和成套动作的教学上使用翻转课堂教学法，应该注重提高教师的课件制作和课程创新能力，能够在较短时间内生动有趣地展示动作要领和标准的动作示范，避免长而枯燥的讲述，注重以内容吸引学生。重视制定学习任务、设计相应问题和线上检测等各个环节的配合，使整个翻转课堂教学形成系统的流程，起到更好的教学效果。

4. 积极调动学生的学习主动性

高校学生由于专业学习或实习就业的任务和压力较重，对健美操学习不够重视，一上网就容易管不住自己沉迷于游戏等原因都很可能导致对翻转课堂的学习不够积极主动，影响学习的效果。教师可以通过提高课件的生动性和趣味性、布置具体学习任务、公布学分评价考核标准、校园网络屏蔽净化等方式吸引或规范学生对翻转课堂的学习，保证翻转课堂教学法的学习效果。

5. 增加和改善校园网络配置和相应的教学设施

翻转课堂教学法的开展建立在高速网络配置和多媒体教学设备的基础上。教学中网络不畅或网络故障不仅会影响教学进度，还可能打击学生刚刚激起的学习兴趣。学生课前课后也需要稳定的校园网络支持。提高相关硬件的资金投入，增设完善的设施对保证翻转课堂的开展十分重要。

总之，翻转课堂教学法改变了以往以教师为主导的传统教学法，形成以学生为主体的新型教学方法。翻转课堂在健美操教学中的应用，可以极大地提高学生学习的兴趣，激发他们学习的积极性和主动性。学生通过课前观看教学视频、课上分组讨论、教师分别指导，课下勤加练习的学习过程，促进了学习能力、合作能力、沟通交流能力、创新能力等多种能力的发展和提高。在健美操这一注重实践的体育运动项目的教学中，使用翻转课堂可以增加学生课堂练习和教师指导的时间，使辅导更有针对性，提高了课堂效率和教学效果。课下随时复习，不受时间地点的限制，延伸了教学的长度，巩固了课堂教学的知识。因此，翻转课堂教学法在健美操教学中的应用和推广，必将对健美操教学起到极好的促进作用。

二、信息化背景下多元智能教学方法的实践应用

（一）多元智能教学方法相关概念

1. 多元智能

美国哈佛大学的心理学家霍华德·加德纳教授（Howard Gardner）在《多元智能》一书中对多元智能理论的定义为：人的智力是多方面的，每个人的特长、兴趣爱好以及分析问题、解决问题的方法是不同的，其发展潜能也不同，各种智力的不同组合表现了个体间的智力差异，因此，要转变传统教育下的所谓"后进生"的概念，要面向全体学生，进行因材施教，促进学生成功。

2. 多元智能教学方法

多元智能教学方法是指教师根据学生不同的智能特点，采取多元的信

息传递交流方式，在智能目标和教学评价的激励下，学生主动学习的一种教学方法。

3. 健美操多元智能教学方法

健美操多元智能教学方法是以多元智能教学理念为指导，结合现代教学技术，在健美操教学中以多元智能为工具，让学生充分发挥优势智能并发展弱势智能，以实现学生主体性、创造性及运动技能全面发展为教学目标的一种教学方法。

（二）多元智能对教育观的影响

加德纳的多元智能理论对传统的智能观念提出了新的诠释，所以多元智能理论一经提出，就对当前的教育改革产生了重大的影响。

1. 积极乐观的学生观

加德纳认为，每个学生的智力都有自己独特的表现形式，有自己的智力强项和学习风格。因此，教师应对所有的学生都抱有热切的成长希望，充分尊重每个学生的智力特点，使教学真正成为快乐教学、成功教学，而不是把学生分成三六九等。

2. 科学的智力观

科学的智力观是指要认识到学生的智力是具备多样性、广泛性和差异性的，必须把培养学生的多种智能放在同等重要的位置上。

3. 因材施教的教学观

由于每一个学生的智能都是多元的，其作用方式也是有差异的，因此，教师要仔细地观察每个学生的智能特点，结合这些不同的智能特点来有选择性地使用教学内容、教学手段、教学方法、教学策略。这样就更加有利于学生对内容的掌握，形成自己独特的理解，使学生得到最大机会的发展。

4. 多样化人才观和成才观

根据多元智能理论，每一个学生都有自己的优势智能，只药这一优势智能得到了合理地发展，就有可能成为优秀的人，所以成才的道路应该是多样化的。由此教师在教学过程及其结果的评价中都应该以"个人为本"进行评价，抛弃传统的评价方式。

（三）多元智能教学的基本原则

正确运用、掌握多元智能教学方法的基本原则及其精髓对健美操课程教学具有重要意义。根据健美操课程特点和学生特点，运用多元智能教学方法进行教学，将更有利于教学水平的提高及教学效果的实现。

1. 多元化原则

多元化原则是指从学生发展的动态性、差异性、多样性出发，多智能、多视角、多层次、多方面地认识问题，多渠道地收集信息，从而达到促进教学多元化的原则。人的智能是由多种要素构成的，每个人都拥有不同的智能，这些智能要素是多维度、相对独立地表现出来的，不同的智能要素之间没有先后主次之分。健美操教学需要有多种智能、多种教学方法、科学评价体系的参与，具有多元性。多元智能教学的表现形式也是多样的，实际上，智能到底有多少种并不是该理论关注的主要方面，我们关注的是智能的表现是多样化的，每个人都有自己的优势智能和弱势智能，我们要不断运用自己的优势智能和不同智能间的组合达到成功。

2. 创新性原则

创新性原则是指在健美操教学中，教师为了学生发展的需要，运用自身已知的信息不断突破旧的教学常规、旧的思维定式，利用独特的有社会价值的新思想、新教法、新规律进行教学的原则。做到教师创新的教，学生创新的学，营建一个有利于创新能力培养和智能水平提高的良好的、民主的、和谐的教学环境。坚持创新性原则，要求教师在教学方面采用创新性的教学理念，不仅要传授知识，还要培养学生发现知识、探索知识的能力，形成一种宽松、民主、和谐的教学环境，给学生一定的自由度，让他们能主动地思索、想象，充分发挥学生的创新能力。

3. 差异性原则

差异性原则是指教师在教学中根据学生的生理特点、心理动机、兴趣爱好等实施有差异的教学，确保每一个学生的发展目标以及轨迹都呈现出一定的差异性状态。新课程理念对高校学生的基本要求是有一定的层次性和差异性，反映在学生学业上，就是学生在达到学校课程基本要求的前提下，可以根据自己的兴趣、爱好，选择一定的适合自己的学习课程，从而使自己成为一个既有丰富知识、健康体魄，又具有鲜明个性的人。因此，教师教学过程中不仅要注意学生个性的差异性，还要用多种教学方法满足不同智能类型学生的需求，激发学生的兴趣，开发他们的潜能，促进他们的全面发展。

（四）多元智能教学方法与传统教学方法的区别

多元智能教学方法与传统教学方法的区别可以从教学形式和教学方法上进行区分：教学形式上，传统教学是传统智能理论观念下的一元化教育，教师侧重培养学生某一方面的智能，并实施相同的课程内容，教学方式单一，考试标准简单陈旧，学生主体地位体现不明显，不能充分调动学生学习的积极性，从而使每个学生独特个性受到抑制而不能充分发展；多元智能教学是从学生多元智能发展的实际需求出发，同时体现了个体差异性，真正做到了"主导"与"主体"相结合，而且课堂教学形式丰富，包括合作学习、主题教学、多媒体教学、课后作业等形式，从而使得每个学生乐意参与到教学展示和评价过程中，有利于学生语言智能、人际智能、空间智能的发展，提高了学生的综合能力。

教学方法上，教师和学生为了实现共同的教学目标，更好地完成教学任务，多元智能教学方法与传统教学方法上的区别主要表现如下（表6-1）。

表6-1　传统教学方法与多元智能教学方法的区别

智能	传统教学方法	多元智能教学方法
语言智能	学生在倾听中学习	鼓励学生主动参与、讲解动作
身体运动智能	通过课堂教学进行动作的练习	通过练习使学生能够运用技术动作进行练习
空间/视觉智能	单一的背面示范教学	直观教学，侧面示范、正面示范
音乐智能	课前和课后用音乐配合热身和放松	整个课程用音乐配合练习，增强学生的节奏感及与音乐的配合度
人际关系智能	所有学生按照教师要求统一练习	合作学习，分组练习，教师进行指导纠正，培养学生组织和协调能力
自我认识智能	以教师的评价为标准	每次下课前给学生3~4分钟时间自我评价、总结与反思

（五）健美操多元智能教学方法的构建

多元智能教学方法有很多种，本研究结合健美操专项教学特征主要从健美操多元智能核心因素的筛选、健美操专项学生多元智能发展的迁移、健美操多元智能教学方法方案的设计三个方面进行。

1. 健美操多元智能核心因素的筛选

结合健美操专项特点，分析总结出健美操多元智能核心因素（图 6-1）。

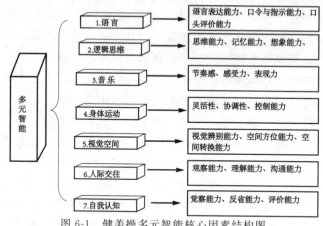

图 6-1　健美操多元智能核心因素结构图

从多元智能核心因素的统计中发现，大多数专家认为身体运动智能、音乐智能数理逻辑智能在所有智能中具有非常重要的作用，具体情况：60%的专家认为身体运动智能非常重要，几乎没有人认为它不重要；50%的专家认为音乐智能对健美操教学非常重要，且没有人认为它不重要；40%的专家认为数理逻辑智能非常重要，但有人认为它不重要；其他各项智能水平相当，没有特别突出。

出现这种情况的原因主要是健美操课程属于一种身体运动较多的课程，它要求学生具有较好的身体灵活性、协调性和控制能力，因此，大多数人认为身体运动智能很重要；又由于健美操运动是在音乐的配合下进行的一项富有激情的运动，所以对学生音乐节奏感、感受力等方面要求较高；任何一种学习过程都伴有思维逻辑的参与，健美操的学习也不例外，学生数理逻辑智能主要从思维能力、记忆能力、想象能力等方面对学生进行检查。

2. 健美操专项学生多元智能发展的迁移

迁移是指一种学习对另一种学习的影响，它广泛地存在于知识、技能、态度和行为规范的学习中。健美操专项学生多元智能发展的迁移主要是指从单个智能培养到全面发展各智能的过程。它需要按照一定教学程序，不断地引导学生向多元化的智能发展，教学时教师要聚焦课程内容，选择多元化的教学方法，将现代教学与多元教学结合起来，激发学生的积极性，同时理论结合实践，将教师评价与学生评价相结合，启发学生进行表象练习并及时进行信息反馈，最终起到唤醒智能的目的。在现有知识水平和技术能力的基础上不断地拓展智能，去学习开发新智能，完成各种智能的迁移，最后通过多元评价获得各项智能的全面发展。

3. 健美操多元智能教学方法方案的设计

健美操多元智能教学方法是一种"多元模型"，该模型能够归纳总结出较好的学习方法。多元智能教学理论在当代教育领域要求所有教师必须拓展他们的教学方法、教学工具及教学策略，以适应现代教学技术的不断发展，进而不断提升学生兴趣、促进智力发展。健美操多元智能教学方法是在多元智能教学理念的指导下，结合现代教学技术以及健美操的专项特点进行的一种新型的教学活动。

（六）多元智能教学方法在健美操教学中的实施

多元智能教学方法在健美操教学中的实施主要从明确指导思想、确定教学目标、分配教学任务、实施教学过程（包括教学形式多样化、教学内容创新化、教学方法多元化、教学过程控制化、教学实践系统化）、学生智能学习、教学评价优化等方面进行阐述。

1. 明确指导思想

健美操多元智能教学的指导思想是追求有智慧的教育，倡导个性的学习，以让课堂更有活力，教学更富创意，学生发展更加全面为宗旨，立足于实际问题进行的教学实验。由于不同智能领域发展过程的独特性，所以在不同的教学技术中应该运用不同的教学指导思想，以适应不同的智力特点，即使是相同的教学内容，也要针对学生不同的学习风格、智力特点和发展方向进行有针对性的教育。健美操教学中每一个学生都具有在某一方面或几方面的发展潜力，只要为他们提供了合适的教育，每个学生的相应智能水平都能得到发展。

2. 确定教学目标

教学目标既是教学方法的出发点，也是教学方法的归宿。健美操多元智能课程的教学目标应以学生的科学文化、思想品德、劳动技能和身体心理素质为依据，从本学科特点及学生的实际情况出发，从认知、智能、技术和情感四个目标进行教学。既要包含健美操理论知识、技术水平等内容，更要体现学生的智能发展目标。通过多元智能教学，充分发挥每个学生的优势智能，并实现强、弱项智能的互补，不断培养学生对健美操课程的兴趣和爱好，促使学生更快地掌握健美操的基本知识、基本技术和基本技能，进而达到发展学生智能的目的，为学生更好地走向工作岗位及创新性工作奠定基础。

3. 分配教学任务

教师要为学生提供多方面的学习素材和相关信息，做好课堂教学的组织者，实时监控教学活动中出现的问题，并进行及时反思并给予解答，帮助学生进行有效的学习。因此，教师要为学生设计多元的学习环境，在教与学的过程中进行任务的分配，为学生提供更好的学习帮助。

4. 实施教学过程

多元智能教学方法指导下的健美操教学过程可以从教学形式多样化、教学内容创新化、教学方法多元化、教学过程控制化及教学实践系统化五个方面进行：

（1）教学形式多样化。

教学组织形式是指在健美操教学中为完成特定的教学任务，教师和学生按一定的要求组合起来进行教学活动的各种形式。随着现代科学技术的进步和文化水平的提高，人们对人才培养的要求也不断提高，健美操专项教学中的组织形式也在不断多样化。运用多元智能教学方法进行的健美操教学形式是多种多样的，根据学生的体质和教材的要求制定出不同的单元课时任务，不仅需要传统教学，还需结合学生实际情况进行新的分组教学，比如目标分组、能力分组、体质分组、性格分组、兴趣分组等。而且在教学过程中要将理论知识与技术实践相结合、将教师传授教学与学生的自主学习相结合、将学生的自主学习与多元化智能的培养发展相结合，形成灵活多样的教学形式。

（2）教学内容创新化。

传统的健美操课程只注重身体运动智能的教学，造成许多运动能力欠佳的学生认为自己没有运动天赋，从而产生自卑心理，不愿意再认真学习运动技术。因此，健美操教学内容要针对不同智能类型的学生做到区别对待、不断地进行创新，充分发挥学生的强项智能进行有针对性地健美操教学，不断提高学生的学习兴趣和教学效果。多元智能教学方法中健美操教学内容创新化主要包括身体素质健美操，基本动作、基本技术、成套动作，学生综合能力、学习态度以及记录笔记等方面。

（3）教学方法多元化。

健美操教学方法是指在健美操教学过程中完成教学任务所采用的教学

途径和手段。在教学中，除了健美操教学中常用的教学方法，如讲解法、示范法、重复法等外，还应采用一些非常重要的教学方法（表6-2），如启发式教学法、创造教学法、念动练习法、要点提示法、领做教学法等，可以使学生在低强度、不间歇的运动中进行学习锻炼，达到有氧运动的锻炼效果。此外，在健美操基本步伐的教学中利用双语、手势提示法以及配以面部表情和视线接触教学。例如，用简短的英语表述的教学方法，如踏步（march）、漫步（mambo）、一字步（easy walk）、并步（step touch）、交叉步（grapevine）等。在教学过程中，如果教师配以明确清晰的手势，并伴随着欢快、强劲的音乐，学生的情绪也可以得到渲染，不仅有利于学生练习动作的紧密衔接、自然过渡，还提高了学生学习的兴趣，学生灵敏反应也相应地得到了提高。

表 6-2 健美操专项教学中重要教学方法的特点及作用

教学方法名称	教学特点	教学作用	教学活动	教学方法	发展智能
启发式教学法	1. 逻辑正确、动作示范优美 2. 现代教学手段	1. 掌握理论知识、技术 2. 调动积极性和主动性 3. 积极思考	动作学习、表演、展示	看、思考、分析、练习	思维逻辑、语言、音乐、身体运动
创造教学法	1. 思维和运动结合 2. 启发诱导 3. 解决问题	1. 理解概念特点 2. 开发创造潜能 3. 培养创新意识	音乐配合、问题解决	看、思考、分析	音乐、数理逻辑、身体运动
念动练习法	1. 暗示词语 2. 运动表象 3. 抑制、纠错	1. 不受场地、时间限制 2. 缩短技能形成的时间	动作分析、想象	自由选择、思考、想象	逻辑思维、空间
要点提示法	1. 正确诱导和强化 2. 语言简明、精练 3. 各感觉机能相互作用	1. 便于记忆 2. 助于规范动作 3. 建立条件反射	提问、讲解、记笔记	说、读、听写	语言、数理逻辑

教学方法名称	教学特点	教学作用	教学活动	教学方法	发展智能
领做教学法	1. 直观、信息量大 2. 感染力大、可比性强 3. 易懂、易记、易做	1. 教学信息反馈及时 2. 大脑分化抑制快 3. 解决重、难点问题	合作学习、辅导、交流、参与	互评、合作、配合、帮助	身体运动、语言、人际交往

此外，教师还可以根据学生的智能特点进行有针对性的教学，对于身体运动智能和空间智能较好的学生，教师可以通过示范法对学生进行教学，学生通过模仿练习就可以很快学会新动作；而对于语言智能强的学生，教师最好运用语言提示、动作口令、讲解等方法使学生尽快记住健美操动作；对于音乐智能较强的学生，教师可以利用不同音乐的节奏、旋律，使学生进一步了解动作要领并快速记忆动作。健美操教学中如果把几个八拍的操化动作先分解，再组合起来进行教学，学生收获的不仅仅是一组新的健美操操化动作，身体运动智能也得到了提高。

（4）教学过程控制化。

在健美操教学中，教师不仅要围绕教学目标和内容进行教学，还要选择最佳的教学方法，教学过程中要注意多元化教学的控制，创建有助于激发学生潜能的教学环境，如能帮助学生理解新知识，激发学生的学习兴趣的多元化场景；有利于激发学生各种智能组合的专题学习会。教师要做好实验控制，就需要注意不要仅仅因为某些智能或某些智能领域中有些智能不适合自身的个性，就拒绝选用。或许那些看似不适合的教学手段或方法，很有可能会有效地调动学生的积极性。同时要注意的是，即使教学中选择了七种不同智能的教学手段，并不意味着你在教学中一定要分七个步骤进行，有些活动是同时发生的。

（5）教学实践系统化。

在健美操教学中，首先，培养学生的组织教学了能力，包括领操、部分课的实习、单个动作的教学实习、全课的教学实习和参加业余健美操训练工作。其次，培养学生的创编能力，包括创编准备活动、创编组合动作、创编表演动作、创编集体动作、社会实践性创编及表演动作。最后，培养学生组织竞赛与裁判能力，包括参加组织竞赛工作、裁判实习以及校内健美操比赛裁判工作。

总之，健美操教学过程要不断地运用多种智能教学法，让教师和学生有一个协同学习的机会，让每一个学生能充分发挥智能水平。

5. 引导智能学习

在健美操教学中，运用多元智能教学方法进行教学可以促进学生主动参与学习，帮助学生培养良好的学习方法。达尔文曾说过"最有价值的知识是方法的知识"。我们都知道"授之以鱼，不如授之以渔"。因此，在健美操教学中要改变过去那种重教法，轻学法的情况，同时还要不断培养学生学会观察、学会归纳总结，最重要的是要学会如何分析问题、解决问题的能力。因此，教学中要以训练学生的数理逻辑为主线，不断要求学生边看边想，边听边想，边做边想，逐步培养学生的独立见解。总之，健美操教学时必须要做到有明确的目标，通过不断引导学生观察、比较、分析、综合，使他们从感性认识上升到理性认识，进一步反思学习过程，将观察与思维结合起来，按一定的顺序进行总结归纳，最后提高教学效果。

6. 优化教学评价

教学评价是教师与学生、学生与学生之间对所学知识的掌握和运用情况进行检查的一种情况反映。因此，对于健美操基本知识、技术、技能的掌握和运用情况是健美操教学考核与成绩评定的重点。通过评价，让学生了解到自己努力后的成果，感受到由此带来的"成就感"，同时也可以让学生清楚地认识到自身存在的不足，引发他们继续学习的欲望，激发他们的创造潜能和竞争意识。

多元智能教学方法中健美操课的教学评价应采取教师评价、学生互评、自我评价等多元化的评价方式，学生不再是被检查者、被评判者，学生的主体性地位在学生评价中得到很好的体现，形成师生多主体共同参与、共同交互的多元评价方法。多元评价方法采取了总结性评价、诊断性评价与形成性评价相结合的方式，此外还改变了传统的教学评价方式，将他人评价、集体评价与自我评价结合在一起。并将评价重点放在学生对学习内容的理解上，重视对学生学习过程中进步幅度的评价，因此，评价最终不仅体现在评价的结果上，还体现在学生学习的过程中。

参考文献

[1] 赵萍.健美操课程教学分析与实践创新［M］.长春：吉林大学出版社，2019.

[2] 屠丽琴.健美操课程教学分析及效果优化研究［M］.北京：中国大地出版社，2019.

[3] 康丹丹.高校健美操教学与创新研究［M］.北京：北京工业大学出版社，2019.

[4] 徐吉，邱玉华，闫锦源.高校健美操教学可持续发展研究［M］.北京：经济日报出版社，2018.

[5] 李华.当前健美操运动技巧及教学研究［M］.北京：中国商务出版社，2019.

[6] 张瑜，范春来，王孝健，等.健美操教程［M］.哈尔滨：东北林业大学出版社，2017.

[7] 李孟华.高校健美操运动与教学研究［M］.北京：北京工业大学出版社，2018.

[8] 王晶.新形势下高校健美操中教与练的研究［M］.长春：吉林大学出版社，2018.

[9] 马玉琴.健美操教学及创编的科学性研究［M］.北京：中国原子能出版社，2018.

[10] 蒋薇.健美操健身价值及学练方法研究［M］.长春：东北师范大学出版社，2017.

[11] 王敏，聂惠敏，吕诗蒙.高校健美操教学模式与训练方法研究［M］.长春：吉林大学出版社，2017.

[12] 黎玉浓.高校健美操教学现状及对策研究［J］.体育风尚，2018（5）：120-121.

[13] 马晓云.普通高校健美操教学存在的问题与对策分析［J］.好家长，2017（51）：24.

[14] 张惠芳.对建构新型高校健美操课程资源开发与利用模式的研究［J］.运动，2017（9）：99-100.

[15] 彭天娥. 高职院校健美操课程资源开发与利用的研究 [J]. 才智, 2016 (12): 98.

[16] 叶文娟. "互联网＋"时代高校健美操网络课程的建设研究 [J]. 教育理论与实践, 2019 (3): 65-66.

[17] 李雪萍, 安虹. 高校健美操教学开展现状与对策研究 [J]. 体育世界: 学术版, 2018 (10): 157, 161.

[18] 韩一非. 我国普通高校健美操教学模式改革途径研究 [J]. 体育风尚, 2019 (2): 205.

[19] 杨乙元, 张昌爱, 康熙, 等. 高校健美操网络教学资源开发与应用研究 [J]. 体育科技, 2019 (11): 25.

[20] 倪伟, 呼德. 利用新媒体提升高校体育教学的实效性——评《体育与健康基础理论教程》[J]. 新闻与写作, 2019 (2): 115.

[21] 王雷. 全民健身背景下高校健美操教学的优化对策 [J]. 体育世界: 学术版, 2019 (7): 130-131.

[22] 谭丹华. 全民健身视角下高校健美操教学优化分析 [J]. 当代体育科技, 2019 (15): 212-214.

[23] 王林蓝. 全民健身视角下高校健美操教学优化 [J]. 教育现代化, 2018 (32): 307-308.

[24] 邹淼. 健美操教学培养高校学生艺术表现力与心理健康机制的研究 [J]. 当代体育科技, 2020 (28): 74-75.

[25] 吕佩桢. 多媒体技术在高校健美操教学中的应用 [J]. 当代体育科技, 2020 (25): 88-90.

[26] 黄宝仪. 美育教育在健美操教学中的应用研究 [J]. 当代教育实践与教学研究, 2017 (8): 46.

[27] 司慧峰. 快乐体育教学模式在大学健美操教学中的构建 [J]. 当代体育科技, 2017 (9): 127-129.

[28] 刘莹, 曲美儒. 普通高校健美操课教学方法改革的研究 [J]. 课程教育研究, 2016 (7): 209.

[29] 董晓欧. 大学健美操教学中快乐体育教学模式的构建研究 [J]. 体育世界: 学术版, 2017 (5): 154, 166.

[30] 王小艳, 孙蕊. 大学健美操教学中快乐体育教学模式的构建研究 [J]. 才智, 2020 (14): 92.

[31] 逯海洋. 高校健美操教学中美学渗透的探讨 [J]. 文体用品与科技, 2019 (13): 150-151.

［32］姜涛，周校锋．基于多元智能理论的高校健美操教学改革研究［J］．教育理论与实践，2018（3）：61－62.

［33］李娇娜．慕课背景下健美操教学平台的构建研究［D］．成都：成都体育学院，2017.

［34］黎栩．微课程在高校健美操专业课程中的实践研究［J］．中国多媒体与网络教学学报，2019（6）：17－18.

［35］陈陈．新时代下健美操课程教学中翻转课堂教学模式的应用探究［J］．中国多媒体与网络教学学报，2019（2）：3－4.

［36］邓嘉．翻转课堂教学模式在高校健美操课程教学中的探究［J］．成都中医药大学学报（教育科学版），2018（01）：56－58.

［37］祝智庭．翻转课堂国内应用实践与反思［J］．电化教育研究，2015（6）：66－72.

［38］王国亮．翻转课堂在体育教学中的价值及实施策略［J］．教学与管理，2015（36）：117－121.

［39］谭鑫磊．翻转课堂在普通高校健美操教学中的应用研究［D］．荆州：长江大学，2017.

［40］葛冬梅．基于高校健美操课程开展的现状与对策分析［J］．文化创新比较研究，2017（21）：111－112.

［41］谭吟月．高校健美操教学考核制度的设计方法［J］．青少年体育，2019（4）：68－69.

［42］陈启琴．微课技术在高校健美操专项教学中的应用研究［D］．西安：陕西师范大学，2017.

［43］何伟珍．我国普通高校健美操教学内容与教学方法改革的理论研究［J］．文体用品与科技，2017（18）：74－75.

［44］黄廉．基于多元智能理论的高校健美操教学与运动技能掌握的关系研究［J］．体育风尚，2020（3）：273.

［45］薛瑞妮．多元智能理论在高校健美操教学中的应用研究［J］．高考，2019（1）：193－194.

［46］朱敏．从多元智能理论角度审视健美操教学改革［J］．当代体育科技，2015（17）：108－109.

［47］姜淑华．多元智能理论视域下高校健美操教学新思考［J］．内蒙古体育科技，2015（2）：66－67.

［48］徐桂兰．基于多元智能理论的高校健美操课程教学改革研究［J］．陕西教育：高教版，2019（5）：30.

［49］张梦颖. 试析健美操教学中学生创新能力的培养 ［J］. 文化创新比较研究，2018（23）：124-125.

［50］王建利. 浅谈高校健美操教学中的多媒体技术辅助 ［J］. 课程教育研究，2018（50）：218.